HEYNE BÜCHER

HEYNE RATGEBER

GILBERT OBERMAIR

Streich-holz-Spielereien

Über 250 amüsante, geistreiche Spielaufgaben

Originalausgabe

WILHELM HEYNE VERLAG
MÜNCHEN

HEYNE-BUCH Nr. 4476
im Wilhelm Heyne Verlag, München

7. Auflage

Printed in Germany 1980
Zeichnungen: Holger Majoran, München
Umschlagfoto: Atelier Dieter Hinrichs, München
Umschlaggestaltung: Atelier Heinrichs, München
Satz: Schaber, Wels/Österreich
Druck und Bindung: Ebner Ulm

ISBN 3-453-41156-0

INHALT

Haben Sie Feuer?

Haben Sie eine Schachtel Streichhölzer dabei? Darf ich Sie um Feuer bitten? — Danke.
Haben Sie schon einmal nachgedacht, welche geheimnisvolle Schatztruhe Sie da in der Hand halten? Ratsch — und es brennt. In weniger als einer Sekunde und für den Bruchteil eines Pfennigs.
Unsere Vorfahren in der Steinzeit hatten es nicht so einfach. Sie brauchten zwei Holzstäbe, viel Übung und vor allem — Ausdauer. Sie mußten die Stäbe aneinander reiben, bis die Entzündungstemperatur des Holzes erreicht war. Dann mußten sie ein Stück trockenen Baumschwammes auf die heißen, rauchenden Stäbe legen und so lange pusten, bis es Feuer fing. Diese Methode wird auch heute noch in Variationen bei einigen Eingeborenenstämmen in Afrika und Südamerika verwendet. Mitunter dauert es stundenlang, bis sich der gewünschte Erfolg einstellt. Welch eine Qual für den, der dabeisitzt und sich sein Pfeifchen anzünden möchte!
Von diesem ersten Feuerzeug war es ein langer Weg der Entwicklung über das alte Steinfeuerzeug, bei dem der geschlagene Funke den trockenen Schwamm entzündete, über verschiedene chemische Feueranzünder bis zum sogenannten »Schwefelhölzchen« mit dem giftigen Phosphorkopf.
Erst 1848 erfand der Frankfurter Chemieprofessor Rudolph Christian Boettger (1806—1881) ein »Sicherheitszündholz«, indem er ungefährlichen roten Phosphor in einer besonders präparierten Reibfläche unterbrachte. Doch niemand in Deutschland wollte diese Erfindung haben. Sie wurde von Schweden aufgekauft und von Frans Lundström weiterentwickelt, der auch gleich die Schiebeschachtel dazuerfand. Im Jahre 1903 wurden die gefährlichen Phosphorzündhölzer verboten, und die Sicherheitszündhölzer Boettgers traten als »Schwedenhölzer« ihren Siegeszug um die Welt an. Und zwar nicht allein als billiger Feuerspender, sondern auch als Westentaschenspielzeug für jedermann. Davon wird in den folgenden Kapiteln die Rede sein.
Darf ich Sie noch einmal um Feuer bitten? — Danke.
Seltsam, daß Sie mit dem Streichholz der Länge nach über die Reibfläche streichen. Trixor, der Zauberer, hat mich davon überzeugt, daß dadurch die Seitenflächen schneller abgenutzt werden.

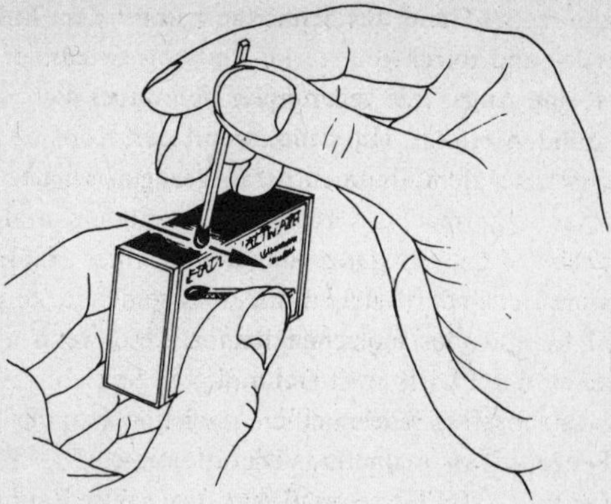

Es genügt vollkommen, meinte er, das Hölzchen der Breite nach über die Fläche zu ziehen.
Das hat natürlich nichts mit Zauberei zu tun. Höchstens mit Sparsamkeit, die ja bekanntlich die Tochter der Weisheit, die Schwester der Mäßigkeit und die Mutter der Freiheit ist. Noch sparsamer ist dann wohl die folgende Methode.
Die rechte Hand legt das Streichholz auf die Reibfläche, und der linke Daumen drückt den Kopf des Hölzchens fest dagegen (bei Linkshändern umgekehrt).

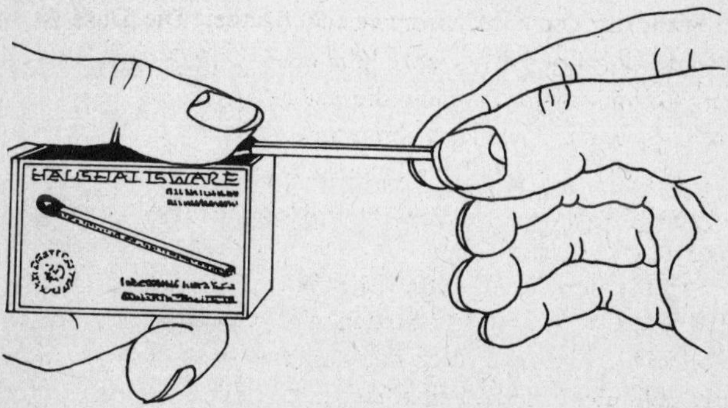

Nun zieht die rechte Hand das Streichholz unter dem linken Daumen hervor — und durch die starke Reibung entzündet sich das Hölzchen. Keine Angst, Sie verbrennen sich dabei nicht den Daumen. Das Zünden erfolgt erst dann, wenn der Kopf des Streichholzes bereits unter dem Daumen hervorgezogen wurde.
Trixor, der Zauberer, macht es übrigens ganz anders, und zwar auf magische Weise. Er greift ganz einfach mit einer Hand in seine rechte Westentasche oder hinter das Revers seiner Jacke und zieht von dort ein brennendes Hölzchen hervor. Und wenn er auf der Bühne arbeitet, dann wirft er manchmal eine Streichholzschachtel in die Luft. Er schafft es jedesmal, ein Streichholz an der herunterfallenden Schachtel anzuzünden. Verblüffend, wie?
Wie er das macht? »Im Geheimnis liegt der größte Zauber«, murmelte er, als ich ihn danach fragte, denn er wollte nichts über seine Streichholztricks verraten. Erst als er hörte, daß es für dieses Buch wäre, wurde er aufgeschlossener. Er stellte allerdings an Sie, liebe Leser, zwei Bedingungen, und ich versprach ihm, Sie würden sie einhalten: Erstens sollten Sie keinen Trick vorführen, ohne ihn vorher gründlich geübt zu haben; Sie würden sonst spöttisches Gelächter statt verdienten Applaus ernten. Zweitens dürfen Sie das Geheimnis von Trixors Kunststücken nicht weiterverraten; Sie würden sonst dem Zuschauer eine schöne Illusion nehmen.
Einverstanden? Ja. Dann können Sie jetzt auch im hinteren Teil des Buches bei den Lösungen unter **1** nachlesen, wie Trixors »magische Entzündungen« funktionieren.
Darf ich Sie noch einmal um Feuer bitten? — Danke. Ich habe nämlich heute mein Gasfeuerzeug nicht dabei. Die Düse ist verstopft.

Wortspiele

Eigenartigerweise sind es meist sehr ernsthafte Leute, die Spaß an Streichholzspielereien haben. Denn zum Lösen von Problemen braucht man Intelligenz, genauso wie man Einfallsreichtum und produktives Denken braucht, um Problemstellungen zu konstruieren.
Wie erfreulich also, daß diese Rätsel und Tricks, diese Spiele und auch so mancher Kalauer wieder von Mund zu Mund, bzw. von Hand zu Hand gehen.
Wir fangen zunächst mit einfachen Wortspielen an, gleichsam als Aperitif. Die Aufgaben, zu denen Sie im hinteren Teil die Lösungen finden können, sind zahlenmäßig *nicht* aufsteigend und fortlaufend geordnet. Sonst würde Ihnen beim Aufsuchen einer Lösung gleich die Lösung für das nächste Problem ins Auge stechen.

108 Der heimliche Geliebte

Luise ist die Tochter vom alten Forstmeister. Schreiben sie mit 13 Streichhölzern ihren schönen Namen auf den Tisch.

Wenn Sie nun 6 Hölzchen umlegen, erfahren Sie, wie Luises heimlicher Geliebter heißt.

16 Die Weinverwandlung

Und nun verwandeln wir Wein in Tinte, indem wir 7 der 12 Hölzchen umlegen.

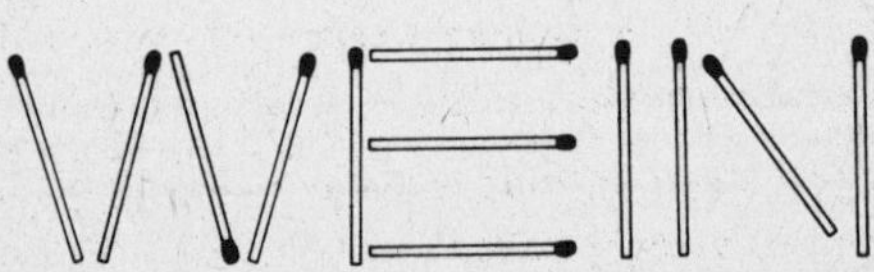

149 Der Esel

Jetzt können wir uns schon an eine schwierigere Aufgabe wagen. Aus 11 Streichhölzern bauen wir ein Haus.

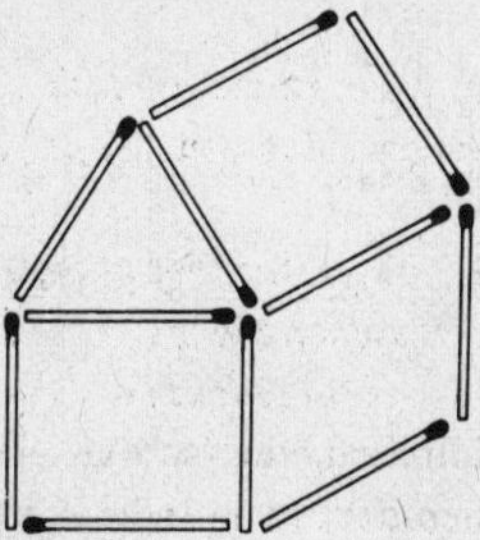

Wenn Sie jetzt 2 Hölzchen dazunehmen, können Sie einen Esel daraus machen.

148 Wie wäre es mit 7 mathematischen Problemen?

Können Sie aus 9 Hölzchen elf,
aus 10 Hölzchen acht,
aus 11 Hölzchen vier,
aus 12 Hölzchen zwei,
aus 13 Hölzchen zehn,
aus 14 Hölzchen fünf und
aus 15 Hölzchen sechs machen?

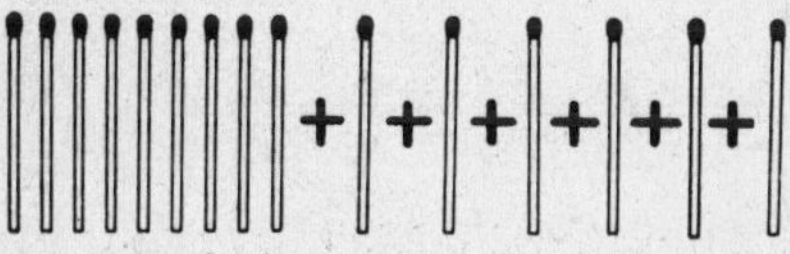

Und zwar immer genau aus der angegebenen Anzahl von Streichhölzern, ohne eines oder mehrere wegzunehmen und ohne eines oder mehrere zu zerbrechen.

Schlagen Sie die Lösungen bitte erst dann auf, wenn Sie sich an allen 7 Problemen versucht haben.

73 Das Kreuz

Wir legen aus 15 Streichhölzern 3 Figuren.

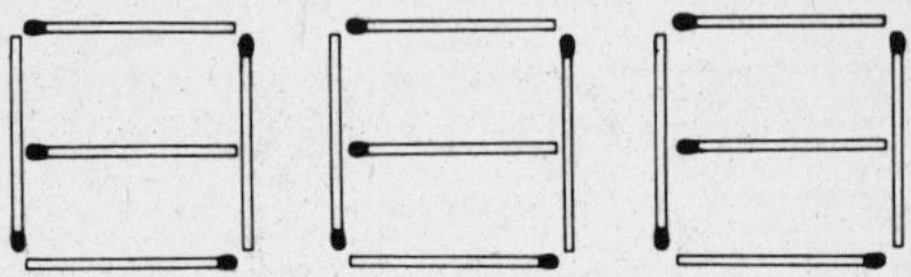

Nehmen Sie bitte 4 Hölzchen weg, so daß ein Kreuz übrigbleibt. Außer diesen 4 Hölzchen darf kein anderes bewegt werden!

167 Das traurige Schwein

Das nächste Bild zeigt ein trauriges Schwein, das wir aus 15½ Streichhölzern gelegt haben.

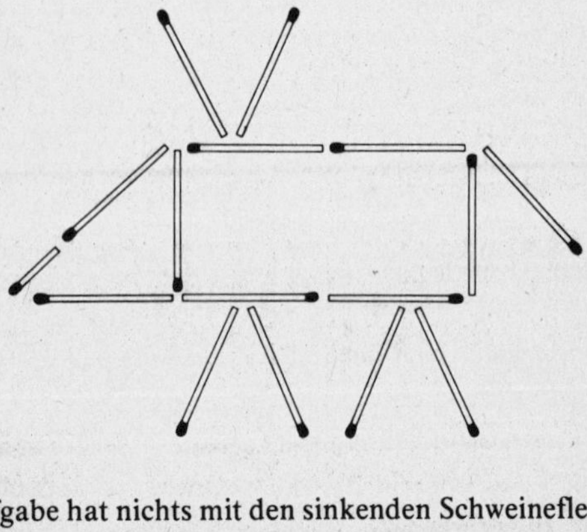

Diese Aufgabe hat nichts mit den sinkenden Schweinefleischpreisen für die Bauern und mit den steigenden für die Metzger und Verbraucher zu tun. Trotzdem wird es Ihnen gelingen, das Tier durch Umlegen von 3½ Hölzchen in ein lustiges Schwein zu verwandeln.

Aus der folgenden Grundfigur sind durch Wegnehmen von Hölzchen Wörter zu bilden. Für jede Teilaufgabe ist immer wieder von dieser Grundfigur auszugehen.

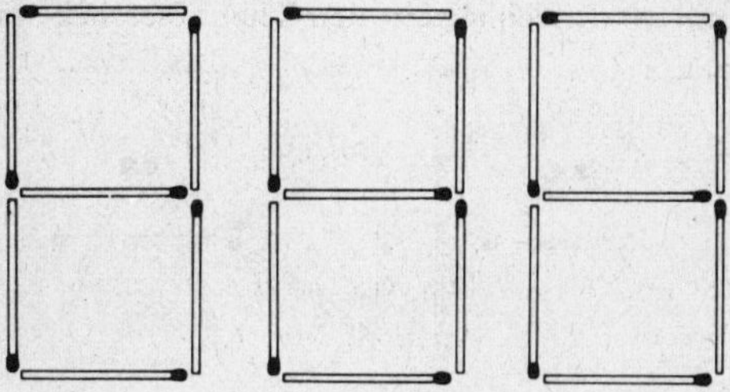

4 weg = Großvater,
5 weg = Kurort in Belgien,
6 weg = trockenes Gras,
7 weg = Endpunkt der Erdachse,
8 weg = Schiffsseite,
9 weg = Zahlwort.

2 Wörtererfinden

Jetzt wissen Sie, wie's geht. Nun versuchen wir es mit 4 Buchstaben. Diesmal sollen *Sie* Wörter erfinden, die man daraus bilden kann, wenn man 8, 9, 10, 11, 12 und 13 Hölzchen wegnimmt.

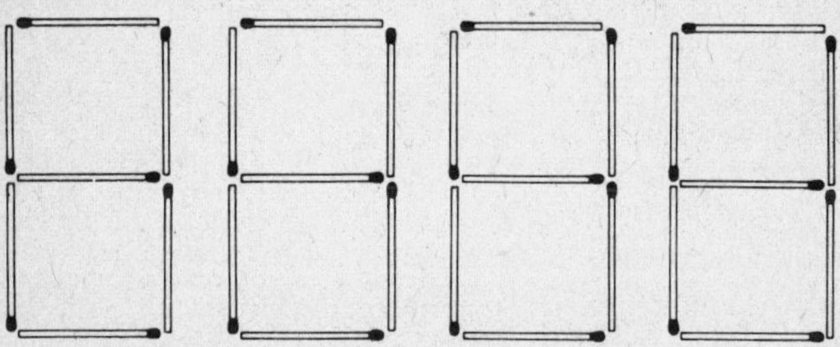

Das ist auch ein spannendes Gesellschaftsspiel. Jeder Spieler legt eine Grundfigur und versucht es für sich. Gewonnen hat, wer als erster 6 Wörter gefunden hat.

171 AIDA

Und hier ist zum Abschluß einer der besten Zündholzscherze, den wir Ihnen nicht vorenthalten möchten. Zu seiner richtigen Lösung sind allerdings Spezialkenntnisse erforderlich.

Wir legen mit 10 Streichhölzern den Titel einer bekannten Oper von Verdi.

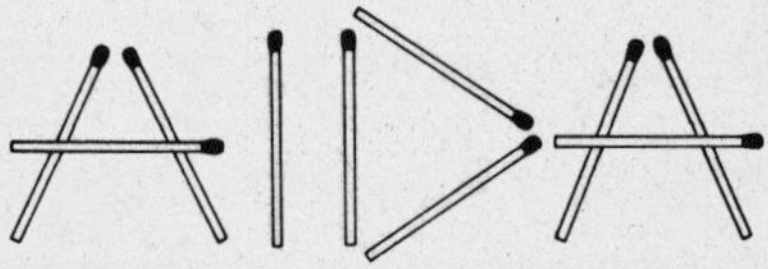

Ihre Aufgabe ist es, durch Umlegen aller Hölzchen gleichzeitig ein Schauspiel von Schiller und eine Operette von Léhar zu bilden.

Kalkulus doziert

Vorgestern saßen wir in fröhlicher Runde beisammen und legten mit Streichhölzern Wortspiele. Kalkulus, der Mathematiker, saß dabei und rümpfte die Nase. Ob wir denn nicht sinnvollere Beschäftigungen mit Hilfe der Hölzchen wüßten, fragte er schließlich. Beispielsweise könnten wir damit die Kenntnisse einer Wissenschaft vertiefen, die sicher bei uns in der Schule zu kurz gekommen wäre, nämlich der Mathematik, speziell ihres Teilgebietes Geometrie, als der Lehre von den Eigenschaften der Figuren, unabhängig von deren Lage in der Ebene oder im Raum, abgeleitet von der Feldmeßkunst der alten Ägypter und Babylonier.
Und schon begann er, mit schlanken Fingern Figuren zu legen und mit klarer Stimme deren Besonderheiten zu erklären. Die folgenden Ausführungen sind eine vereinfachte Darstellung dessen, worüber er dozierte, soweit ich es überhaupt verstehen konnte.
Ein Viereck, so sagte er, ist eine Figur mit 4 Ecken, die durch 4 Geraden verbunden sind. Es ist auf jeden Fall ein Viereck, unabhängig davon, wie lang diese Geraden sind, ob 2 davon oder ob 2 + 2 davon parallel sind, ob 2, 3 oder 4 dieser Geraden gleich lang sind und ob die Winkel, die sie einschließen,

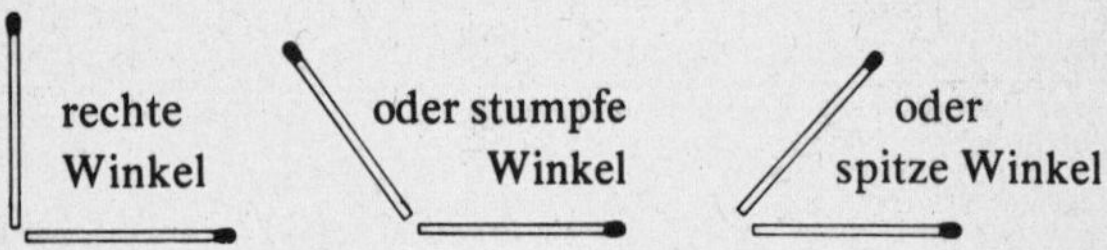

sind. Zum Beispiel ist

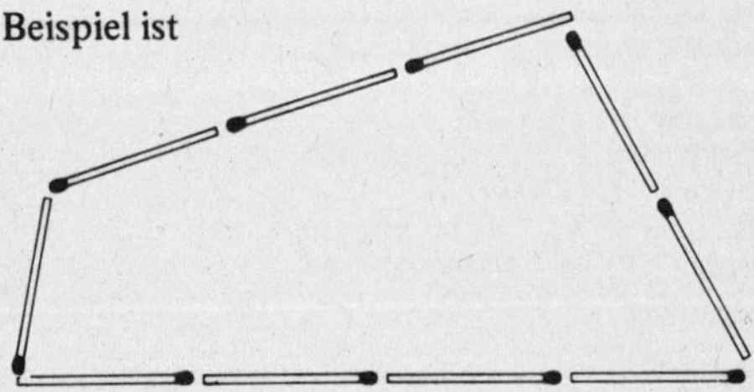

diese Figur hier ein *Viereck*, mit verschieden langen Geraden, von denen keine 2 parallel sind und die keine rechten Winkel einschließen, sondern 2 stumpfe und 2 spitze.

Diese Figur ist ein *Trapez,* weil sie 2 parallele Geraden hat. Außerdem ist sie natürlich auch ein Viereck,

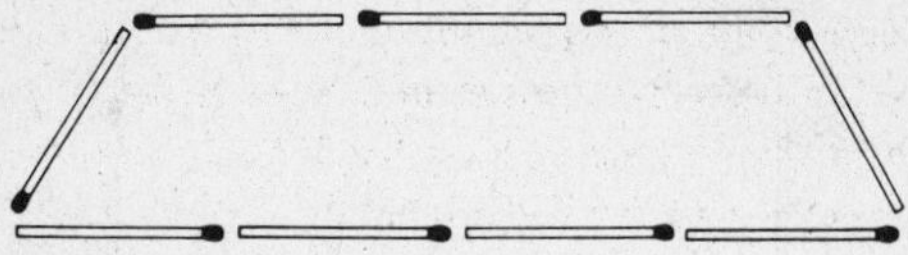

was *nicht* heißt, daß jedes Viereck auch ein Trapez ist.

Diese Figur ist ein *Deltoid,* weil sie 2 + 2 gleich lange Geraden hat, die jeweils den gleichen Winkel einschließen.

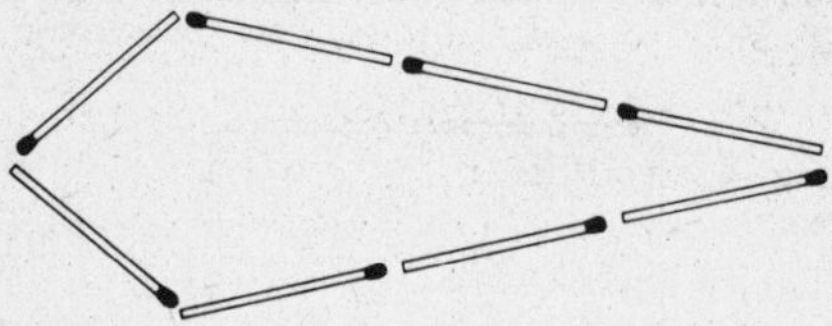

Ein Deltoid ist ein Viereck, was natürlich *nicht* heißt, daß jedes Viereck auch ein Deltoid ist.

Und hier haben wir ein *Parallelogramm,* welches 2 Paare paralleler Geraden aufweist.

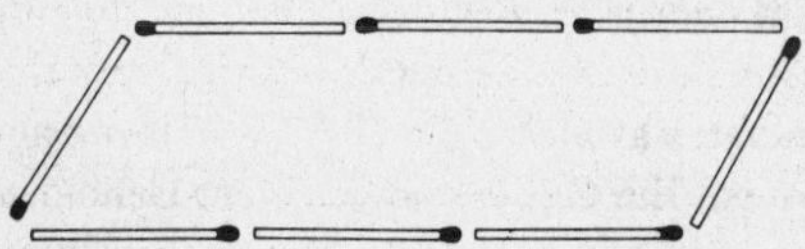

Ein Parallelogramm ist auch ein Viereck, was ebensowenig heißt, daß jedes Viereck auch ein Parallelogramm ist.

Nun gibt es Parallelogramme, die *einen* rechten Winkel und somit *vier* rechte Winkel haben.

Diese spezielle Form eines Parallelogrammes nennt man *Rechteck.*

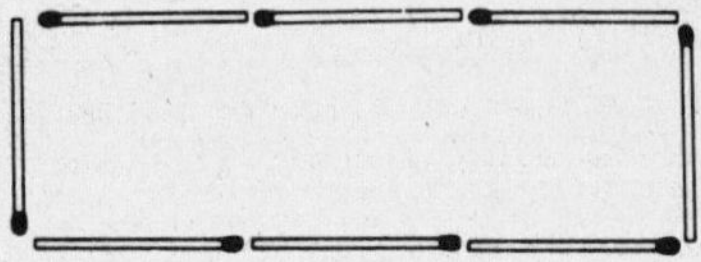

Ein Rechteck ist also ein Parallelogramm *und* ein Viereck, was *nicht* heißt, daß jedes Viereck oder jedes Parallelogramm auch gleichzeitig ein Rechteck ist.

Nun gibt es Rechtecke, die 4 gleich lange Seiten haben.
Diese spezielle Form von Rechtecken bezeichnet man als *Quadrat.*

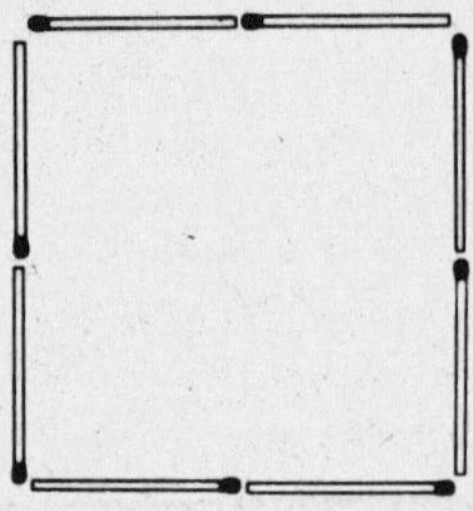

Ein Quadrat ist also ein Rechteck *und* ein Parallelogramm *und* ein Viereck, was wiederum *nicht* heißt, daß jedes Viereck oder jedes Parallelogramm oder jedes Rechteck auch ein Quadrat ist.
Ein Quadrat ist natürlich außerdem auch ein Trapez, weil es 2 parallele Geraden hat, was *nicht* heißt, daß ein Trapez auch gleichzeitig ein Quadrat ist. Ein Quadrat ist auch ein Deltoid, weil es 2 + 2 gleich lange Geraden hat, die jeweils den gleichen Winkel einschließen. Natürlich ist deswegen ein Deltoid noch lange kein Quadrat!
Es versteht sich von selbst, daß ein Rechteck gleichzeitig auch ein Trapez ist, ein Trapez aber deswegen noch lange kein Rechteck!

Parallelogramme mit gleich langen Seiten bezeichnet man auch als *Rhombus* oder *Raute*

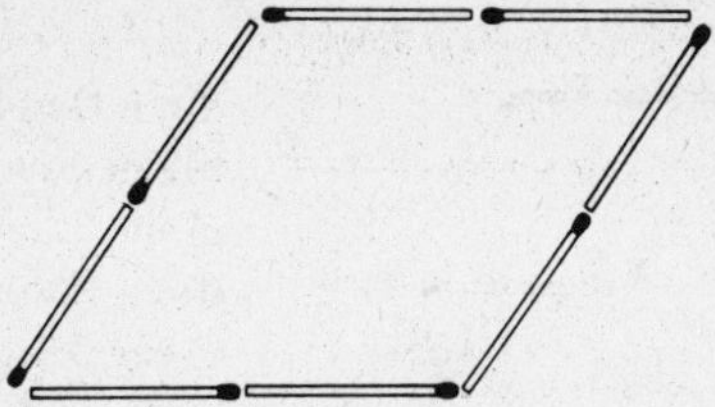

und eines mit nicht gleich langen Seiten als *Rhomboid.*

Beide können, müssen aber nicht rechtwinklig sein.

Ein rechtwinkliges Rhomboid ist gleichzeitig ein Parallelogramm *und* ein Rechteck *und* ein Trapez *und* ein Viereck. Ein rechtwinkliger Rhombus ist gleichzeitig ein Quadrat.
Ein Quadrat ist also ein Rechteck *und* ein Rhombus *und* ein Rhomboid *und* ein Parallelogramm *und* ein Deltoid *und* ein Trapez *und* ein Viereck. Was jedoch nicht heißt, daß …

Wenn Sie Kalkulus, den Mathematiker, verstanden haben, dann sind Sie fein heraus. Denn schon Galileo Galilei (1564—1642) sagte: »Wer die Geometrie begreift, vermag in dieser Welt alles zu verstehen.«

3 Was ist das nun für eine Figur (mehrere Antworten können richtig sein)?

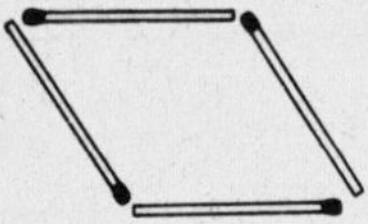

a) ein Quadrat
b) eine Raute
c) ein Trapez
d) ein Rhomboid
e) ein Deltoid

127 Und diese?

a) ein Viereck
b) ein Rechteck
c) ein Rhombus
d) ein Rhomboid
e) ein Quadrat

77 Und diese?

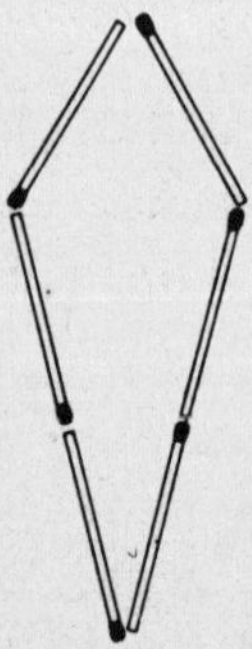

a) ein Quadrat
b) eine Raute
c) ein Trapez
d) ein Rhomboid
e) ein Deltoid

Quadratisches

Die Belehrungen von Kalkulus hatten uns wachgerüttelt. Jeder von uns hatte plötzlich ein Rätsel bereit, das mit Quadraten oder zumindest mit Vierecken zu tun hatte. Die schönsten Aufgaben möchte ich Ihnen nicht vorenthalten.

Zunächst gehen wir von dieser Streichholzfigur aus.

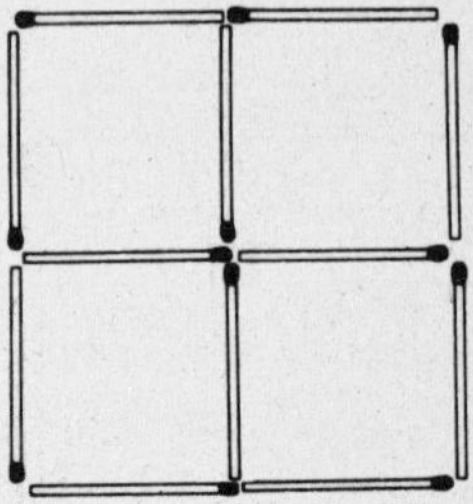

12 Hölzchen bilden 5 Quadrate; ein großes und 4 kleine.

4	2 weg = 2 Quadrate,
44	4 umlegen = 2 Quadrate,
17	4 umlegen = 3 Quadrate,
74	3 umlegen = 3 Quadrate,
132	2 umlegen = 3 große und 4 kleine Quadrate,
158	2 umlegen = 3 Quadrate, 4 kleine und 4 große Rechtecke,
7	4 dazu = 5 Quadrate mehr!

Aus 12 Streichhölzern legen wir die folgende Figur.

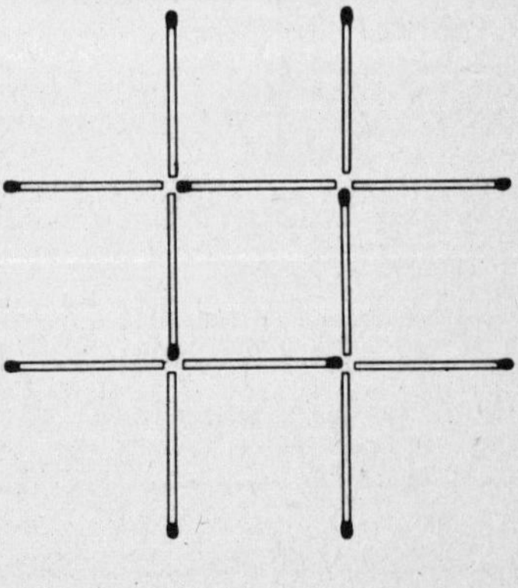

13	3 umlegen = 3 Quadrate,
21	4 umlegen = ein Kreuz.

Nun kommt eine andere
Figur dran.

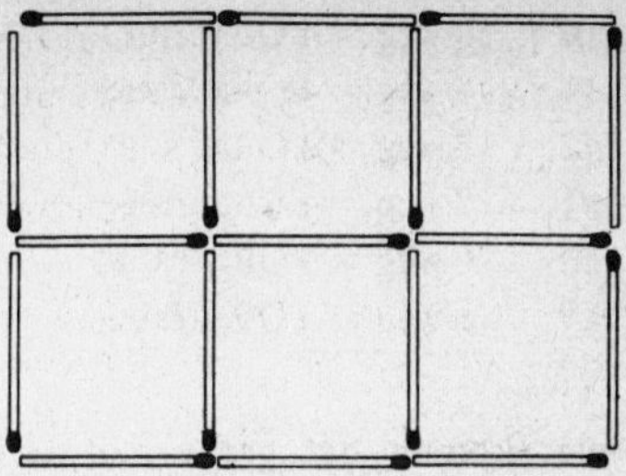

5 Entfernen Sie 5 Hölzchen, so daß 3 Quadrate bleiben.
18 Nehmen Sie 6 Hölzchen weg, so daß 2 Quadrate bleiben.

Ganz ähnlich ist die folgende Aufgabe.

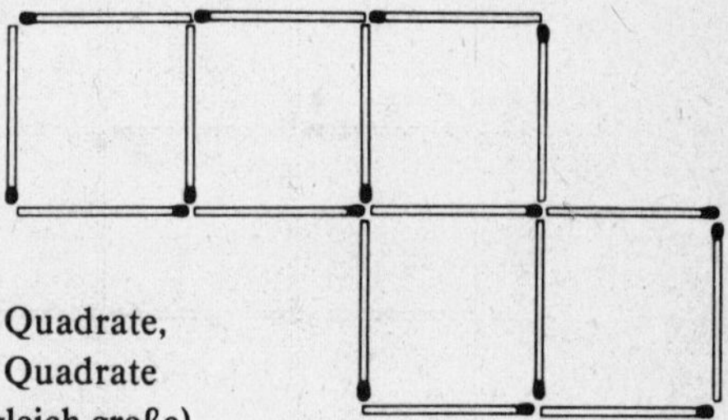

122 4 umlegen = 6 Quadrate,
95 2 umlegen = 4 Quadrate (gleich große),
160 2 umlegen = 4 Quadrate (3 kleine, ein großes).

Aus 22 Streichhölzern legen wir diese Figur.

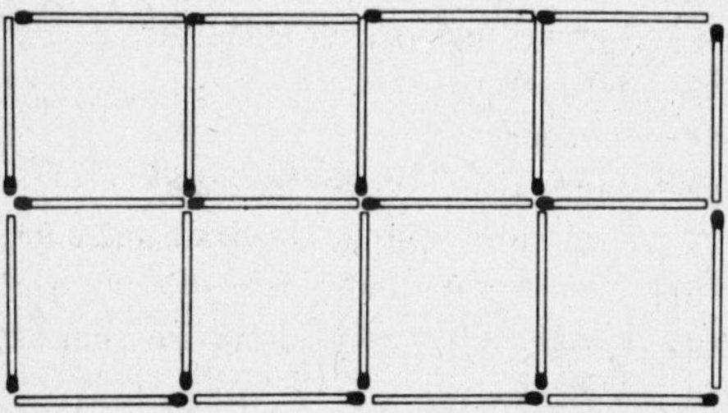

Die folgenden Aufgaben beziehen sich immer wieder auf dieses Grundmuster.

110	10 weg = 4 Quadrate,
134	9 weg = 4 Quadrate,
142	8 weg = 4 Quadrate,
161	7 weg = 4 Quadrate,
10	6 weg = 4 Quadrate,
19	5 weg = 4 Quadrate.

Jetzt kommt der große Kopfzerbrecher. Aus 24 Streichhölzern legen wir ein Gitter und versuchen uns an folgenden Problemen, wobei wir immer wieder von derselben Grundfigur ausgehen.

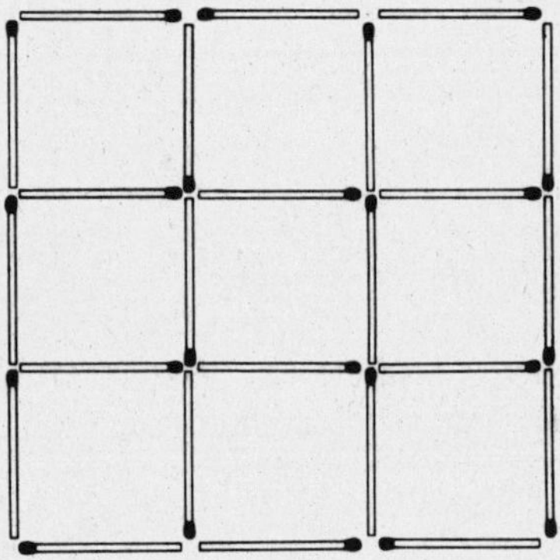

14	4 weg = 5 gleich große Quadrate,
34	4 weg = 1 großes und 4 kleine Quadrate,
79	4 weg = 6 Quadrate,
93	4 weg = 9 Quadrate,
100	6 weg = 3 verschieden große Quadrate,
80	6 weg = 3 verschieden große Quadrate und 2 Rechtecke,
131	8 weg = 2 gleich große und 1 kleines Quadrat,
152	8 weg = 2 ungleich große Quadrate (2 Lösungen),
140	8 weg = 4 Quadrate,
165	8 umlegen = 3 verschieden große Quadrate,
17	12 weg = 3 Quadrate,
164	12 umlegen = 2 gleich große Quadrate.

Hier ist ein ähnliches Problem. 15 Streichhölzer bilden eine spiralenähnliche Figur.

105 3 Hölzchen umlegen = 2 Quadrate.

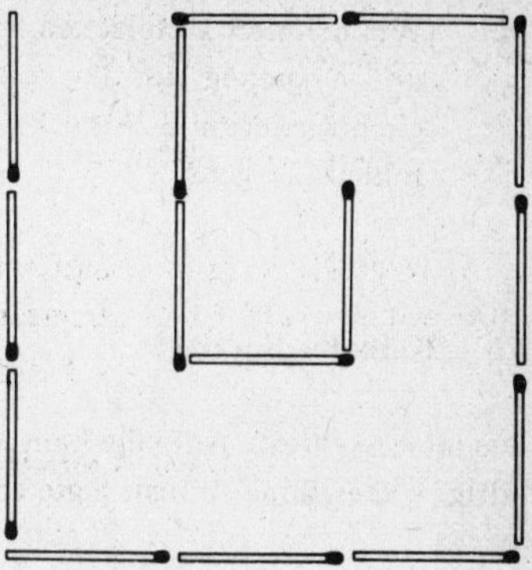

Aus 11 Streichhölzern bauen wir einen Tempel.

46 4 umlegen = 11 Quadrate,
130 2 umlegen = 11 Quadrate.

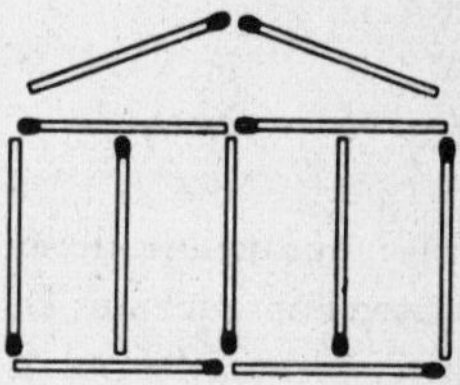

Aus 16 Streichhölzern legen wir 5 Quadrate.

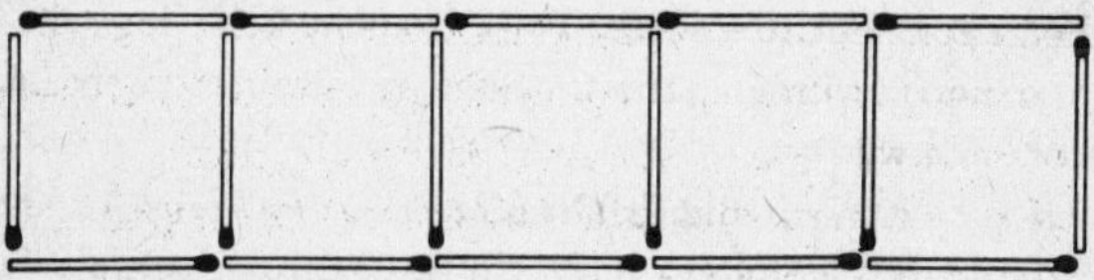

116 6 umlegen = 4 Quadrate,
51 4 umlegen = 4 Quadrate.

Die folgende Figur besteht aus 3 Vierecken.

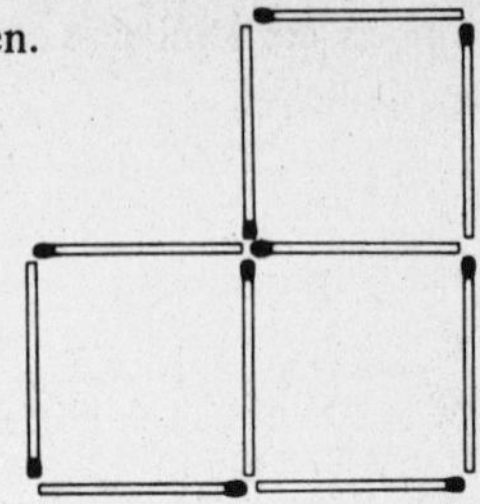

143 Wir nehmen 1 Hölzchen weg und versuchen, aus den restlichen wiederum 3 Vierecke zu bilden. Es geht!

52 Kalkulus Spezial

Die interessanteste Aufgabe kam jedoch von Kalkulus selbst. Sorgfältig, wie es seine Art ist, legte er 4 Streichhölzer auf den Tisch.

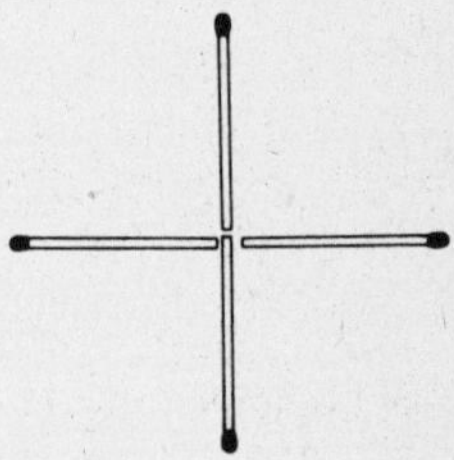

Und dann kam das Problem:
Legen Sie *ein* Hölzchen um, so daß *ein* Quadrat entsteht.

Kalkulus meinte, diese Aufgabe wäre durch intuitives Denken oder durch konsequentes Denken lösbar. Beim intuitiven Denken wären die Schritte, die zur Lösung hinführen, nicht alle wahrnehmbar. Die Lösung könne sich durch einen plötzlichen Gedankensprung ergeben. Der Erfolg hinge mehr davon ab, daß man auf den richtigen Weg stoße, als daß man sorgfältig einen Weg verfolge. Beim konsequenten Denken ergäbe sich die Lösung aus einer progressiven Folge von Schritten. Diese Folge brauche keine logische Folge zu sein; dennoch würden dabei die Schritte einer nach dem anderen unternommen werden.
Dann erklärte er noch, die Erfahrungen aus den vorhergegangenen Quadrataufgaben könnten unter Umständen die richtige Lösung hinauszögern oder gar verhindern.
Was damit wohl gemeint war? Wir waren ohnehin bereit, mit ihm zu wetten, daß diese Aufgabe unlösbar sei. Und was meinen *Sie?*

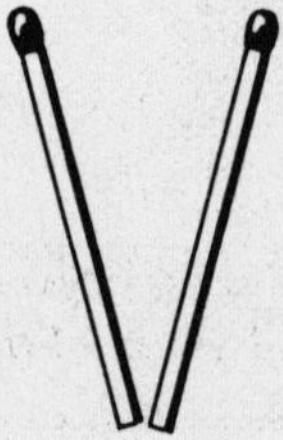

Ein Schäferstündchen

Nach so vielen Knobeleien am Tisch tut uns sicher ein Spaziergang gut. Wir wandern ins Grüne und besuchen Nikodemus, den alten Schäfer, und seine Herde. Er spricht zwar nicht viel, hat es aber faustdick hinter den Ohren, getreu dem Motto: Wer sich zum Schafe macht, den fressen die Wölfe.
Heute haben wir Glück. Er hat seinen geselligen Tag und gibt uns einige Nüsse zu knacken auf.

136 Schon im Mittelalter kannte man diese Aufgabe: Ein Schäfer hatte 10 Hürden.

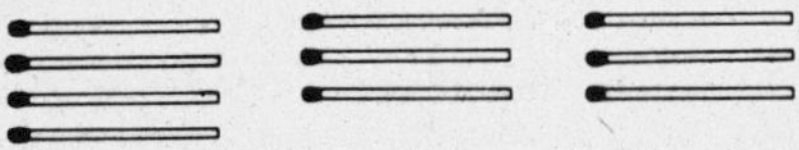

Eines Tages mußte er die doppelte Anzahl von Schafen hüten. Er nahm 2 Hürden dazu und hatte plötzlich doppelt so viel Platz für seine Tiere.
Wie waren die Hürden vorher und nachher aufgestellt?

119 Ein anderer Schäfer hatte 26 Hürden.

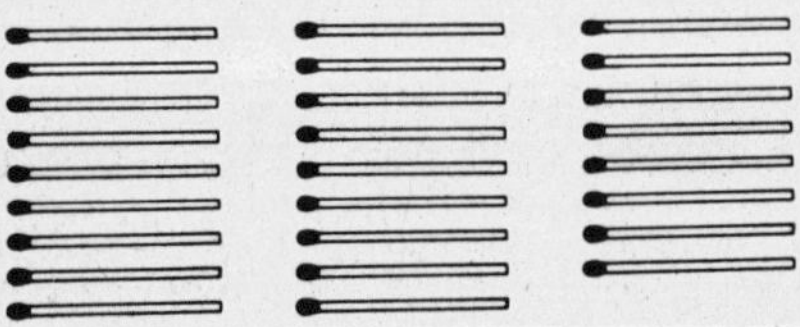

Als er eines Tages dreimal so viele Schafe zu hüten hatte, nahm er 2 Hürden weg, stellte die restlichen Gatter um und konnte so seine Tiere auf dem dreifachen Raum unterbringen.
Wie waren die Hürden vorher und nachher aufgestellt?

Ein Bauer hatte 8 Ziegen und umstellte jede mit 4 von insgesamt 25 Hürden.

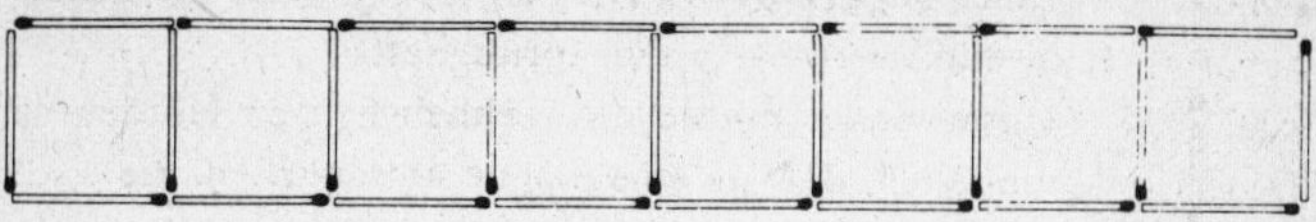

Eines Nachts wurden 3 Hürden gestohlen, aber keine Ziege. Der Bauer stellte die Gatter um und konnte wiederum jede Ziege für sich unterbringen.

88 Wie hat er das gemacht?

150 Wie viele Hürden konnte er jetzt noch entbehren und dennoch jede Ziege allein einschließen? Und wie sieht der Pferch dann aus?

29 Einmal stand auch Nikodemus vor einer schwierigen Aufgabe. Seine Herde weidete zwischen 4 Bäumen, und er hatte sie mit 8 Hürden quadratisch umschlossen.

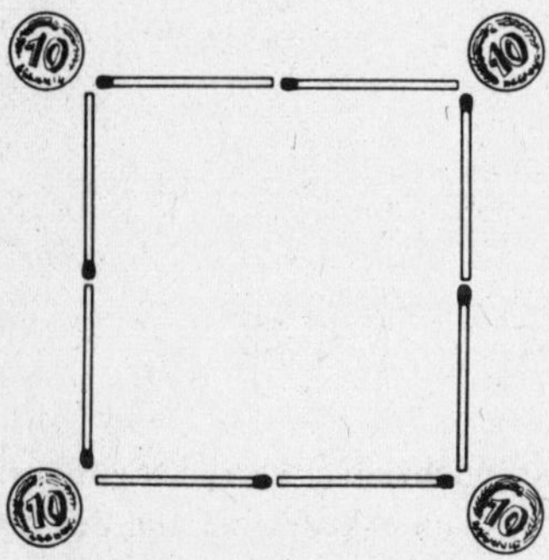

Da sollte er die Weidefläche mehr als verdoppeln. Wieder sollte sie quadratisch sein und genau zwischen denselben 4 Bäumen liegen.

Wie löste er das Problem, und wie viele Hürden brauchte er dazu?

Ein Bauer hatte 38 Hürden aufgestellt und in diesem Pferch seine Schafe untergebracht.
Eines Tages gingen 2 Hürden verloren, und der Schafbestand vermehrte sich sprunghaft.
Unser Bauer mußte die verbliebenen 36 Hürden so umbauen, daß sie eine Fläche umschlossen, die

37 eineinhalbmal,
60 zweieinhalbmal,
76 dreieinhalbmal und schließlich
91 viereinhalbmal so groß war, wie die der ursprünglichen Figur.

Welche Form hatten diese 4 Pferche?

Dieses Schäferstündchen hat uns sicher gutgetan. Wir verabschieden uns von Nikodemus, und der Alte gibt uns noch ein russisches Sprichwort mit auf den Weg: Der Wolf ist immer bereit, sich ohne Lohn als Schäfer zu verdingen.

Schachteltricks

Bei Kalkulus wurde Kindergeburtstag gefeiert. Trixor, der Zauberer, der ein Freund des Hauses war, kam auf Besuch und freute sich, daß auch die Kleinen ihren Spaß an Streichholzspielereien hatten. Zuerst erprobte man

die Nasenstafette.

Die Spieler saßen um den Tisch herum. Einer nahm die Hülse einer Streichholzschachtel und setzte sie auf seine Nase. Sein linker Nebenmann mußte ihm die Hülse mit der Nase abnehmen, ohne dabei die Hände zu gebrauchen.

So wanderte sie von Nase zu Nase um den Tisch herum. Wer sie fallen ließ, der mußte ein Pfand bezahlen.

Dann folgte ein **Ratespiel.**

Der Spielleiter füllte, ohne daß es ein anderer sehen konnte, einige Hölzer in die Schachtel und verschloß sie. Jeder Spieler mußte sie schütteln und zu erraten versuchen, wie viele Streichhölzer es wären. Wer richtig geraten hatte, bekam die Hölzchen, und die Schachtel wurde wieder neu gefüllt.

Dann kam die **unzerbrechliche Streichholzschachtel** an die Reihe.

Die Hülse einer Schachtel wurde mit der Reibfläche auf den Tisch gestellt, und auf die andere Reibfläche kam die Lade.

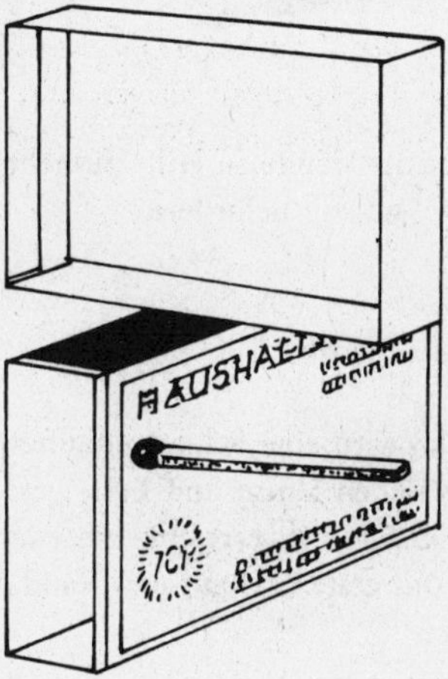

Jeder versuchte nun, die Schachtel mit einem kräftigen Faustschlag zu zerschmettern, doch es gelang nie! Jedesmal wurde der Druck der Faust an die Hülse weitergeleitet, die sofort zur Seite auswich.

Hierauf gab es heiße Würstchen und Limonade, und dann führte Kalkulus selbst zwei physikalische Tricks vor.

6 Der Streichholz-Lift

Hülse und Lade werden getrennt voneinander, und zwar beide mit der offenen Seite nach oben, auf den Tisch gelegt. Dazwischen liegen, Seite an Seite, mehrere Streichhölzer.

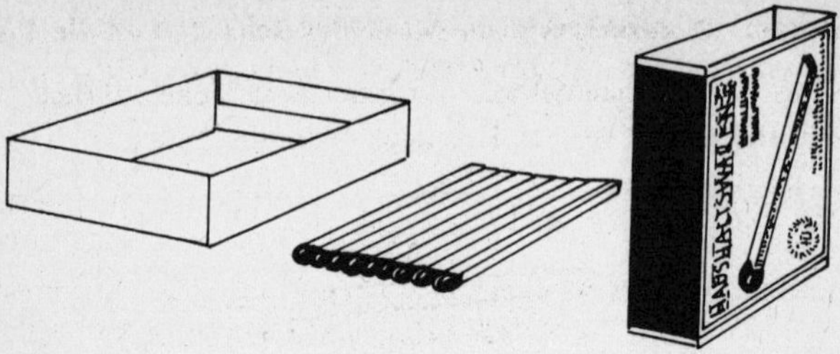

Wer schafft es, ohne die Hände zu Hilfe zu nehmen, in einem Zug die Hölzchen in die Lade zu befördern?

15 Die Streichholz-Sperre

Neben ein volles Glas wird eine Schachtel aufrecht hingestellt. Ein Streichholz wird zwischen Hülse und Lade geklemmt, so daß der Kopf die Höhe des Glasrandes erreicht. Ein zweites Hölzchen wird Kopf an Kopf auf das erste und auf den Rand des Glases gelegt.

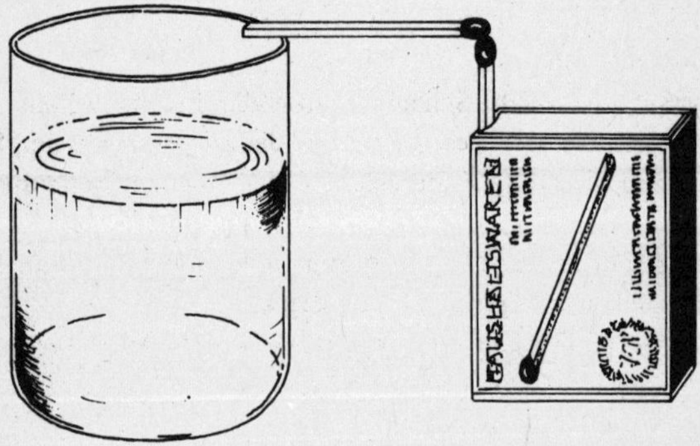

Wer kann aus dem Glas trinken, ohne die Hölzchen zu berühren, ohne sie hinunterzuwerfen und ohne einen Strohhalm zu verwenden?

Endlich war es soweit: Trixor, der Zauberer, machte sich bereit, seine kleinen Zuschauer mit Kunststücken zu unterhalten.

24 Hypnose

Er legte eine Streichholzschachtel auf den Tisch und behauptete, er könne uns durch Hypnose dazu bringen, das zu tun, was er wolle.
Er entnahm der Schachtel 10 Hölzchen und bildete daraus zwei Häufchen, das erste aus 3 und das zweite aus 7 Streichhölzern. Dann bat er den kleinen Peter, ganz schnell mit dem Zeigefinger auf eines der Häufchen zu tippen. Peter tippte auf das aus 3 Hölzchen bestehende Häufchen, und Trixor sagte: »Das habe ich gewußt!«
Er drehte die Schachtel um, und auf dem Schachtelboden stand geschrieben:

Beim nächsten Trick lassen wir Trixor selbst zu Wort kommen.

35 Schwerkraft

»Ich nehme ein Hölzchen aus der Schachtel, halte es über den Tisch und lasse es los. — Was ist geschehen? Es ist zu Boden gefallen, denn es gehorcht dem Naturgesetz der Schwerkraft.

Wenn ich aber mit meinem Zauberstab die Schachtel bestreiche, hat dieses Gesetz für die Zündhölzer keine Gültigkeit mehr. Es ist für drei magische Sekunden aufgehoben worden. Bitte sehr, hier ist der Beweis: Ich drehe die Schachtel um, öffne sie und — nichts fällt heraus.

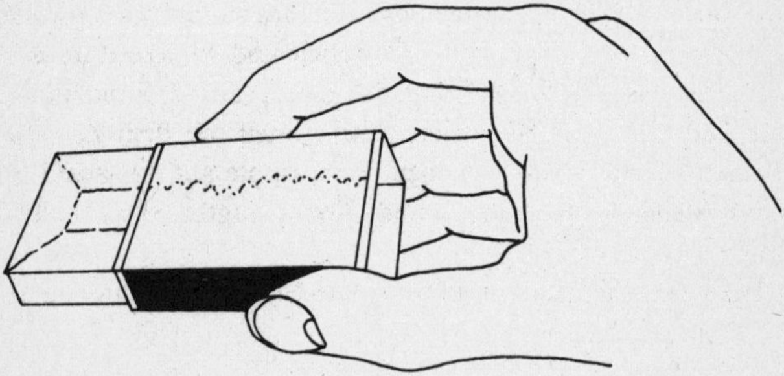

Ihr meint, die Schachtel wäre leer? Nein, so ist es nicht. Ich nehme ein Zündholz heraus, reibe es an der Schachtel, und — es brennt. Hier ist die Schachtel. Es sind noch viele Streichhölzer drin. Ihr könnt sie untersuchen.«

54 Die verschwundene Streichholzschachtel

Der Zauberer zog ein Tuch hervor und legte es neben die Streichholzschachtel. Er erzählte, es wäre ein indisches Wundertuch mit geheimnisvollen Kräften. Dann nahm er die Schachtel in seine linke Hand, bedeckte sie mit dem Tuch und bat einen kleinen Zuschauer, die verdeckte Schachtel von außen durch das Tuch festzuhalten. Bei »drei« solle er sie wieder loslassen.

Trixor ergriff einen Zipfel des Tuches und zählte »Eins — zwei — drei«. Bei »drei« ließ der Zuschauer los, und der Zauberer zog das

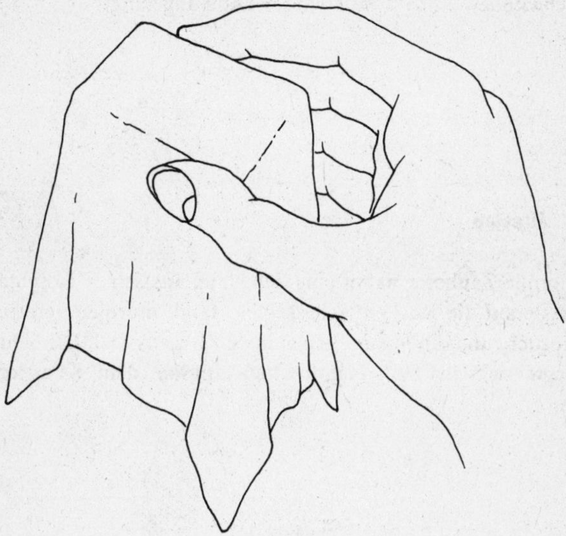

Tuch weg. Die Streichholzschachtel war verschwunden. Sie war mittlerweile in der Hosentasche Trixors gelandet.

72 Durchdringung

Trixor zeigte eine Schachtel vor. Die Lade war halb offen, und man konnte sehen, daß sie leer war. Auf dem Tisch lag eine Münze.

Der Zauberer schloß die Schachtel und legte sie auf das Geldstück. Ein Zauberspruch — »Abrakadabra« — und schon hatte die Münze den Schachtelboden durchdrungen. Sie war unter der Schachtel verschwunden und im Inneren der Lade angelangt.

83 Illusion

Der große Zauberer nahm eine Schachtel aus seiner Hosentasche, legte sie auf die Rückenfläche seiner Hand, murmelte einen Zauberspruch, und schon kam Leben in den Gegenstand. Die Schachtel bewegte sich auf dem Handrücken langsam dem Künstler entgegen.

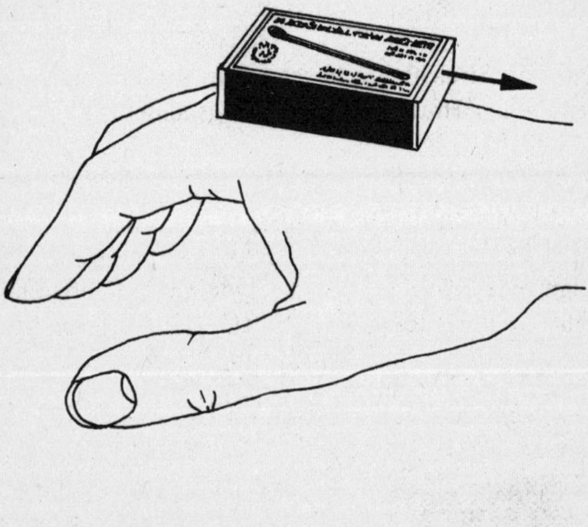

Dann drehte er die Hand um, daß die Innenfläche nach oben zeigte, und legte die Schachtel auf das Handgelenk. Wieder sagte er einen Zauberspruch, und die Zündholzschachtel wanderte in entgegengesetzter Richtung, auf die Fingerspitzen zu.

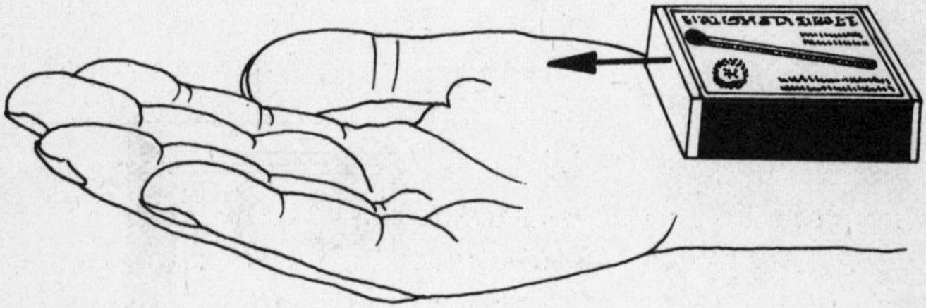

Der Magier stellte die Schachtel in die Handinnenfläche und hielt sie am Fingeransatz fest. Wieder ein geheimnisvolles Murmeln, und die Schachtel öffnete sich langsam, bis man die Streichhölzer darin sehen konnte.

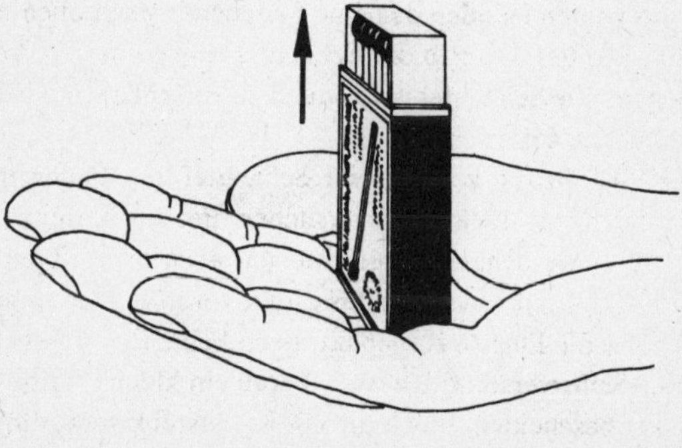

43 Die gehorsame Schachtel

Trixor öffnete eine leere Schachtel und bohrte mit einem Messer in die obere und untere Schmalseite der Lade je ein Loch. Dann zog er einen Faden durch die Löcher und steckte die Lade in die Hülse.

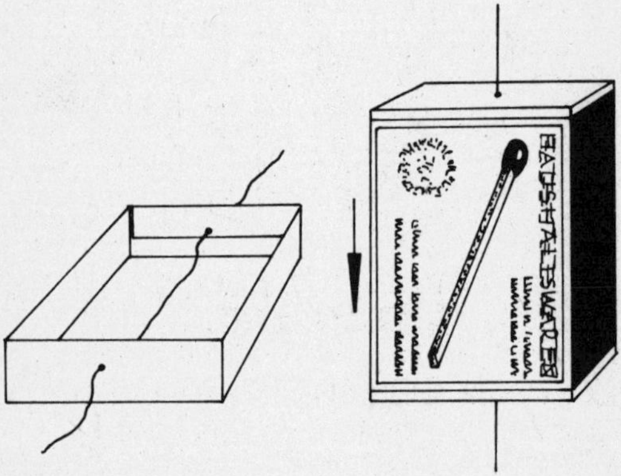

Er hielt mit beiden Händen das eine Fadenende nach oben und das andere nach unten und gab der Schachtel Anweisungen. Bei jedem »Los!« begann die Schachtel nach unten zu rutschen, und bei jedem »Halt!« blieb sie sofort stehen.

Nach der Vorführung konnten wir Schachtel und Faden untersuchen und das Kunststück selbst versuchen. Bei uns klappte es allerdings nicht — die Schachtel rutschte von oben nach unten durch. Die Kinder staunten, weil alles das direkt vor ihren Nasen geschah. Sie hatten wie die Luchse aufgepaßt, doch keine Erklärungen dafür gefunden. »Selbstverständlich war überall ein kleiner Trick dabei«, sagte Trixor bescheiden, »doch um ein Kunststück vorzuführen, genügt es nicht, den Trick zu kennen. Vom Kennen bis zum Können ist noch ein großer Schritt zu tun. — Übung macht den Meister.«

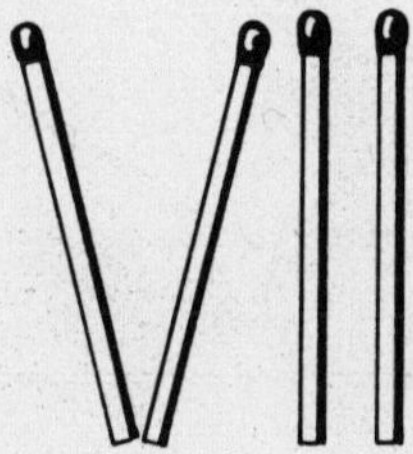

Dreieckiges

Ein Dreieck ist eine von nicht auf einer Geraden liegenden Punkten und ihren Verbindungslinien gebildete Figur, sagte Kalkulus. Die Summe zweier Seiten ist stets größer als die dritte, und dem größten Winkel liegt stets die größere Seite gegenüber, und umgekehrt.

Es gibt ungleichseitige Dreiecke, deren Seiten ungleich lang sind,

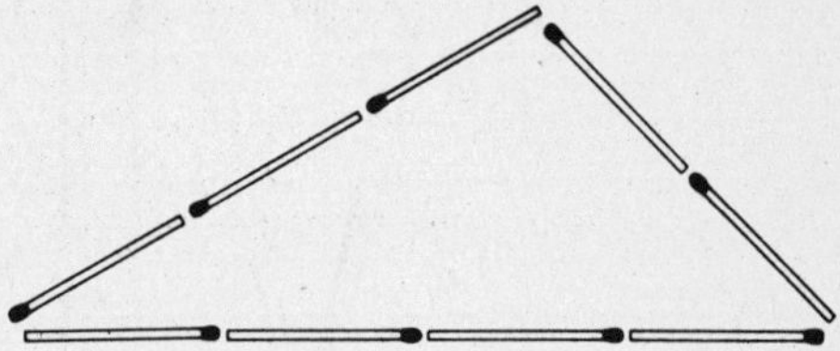

gleichschenklige Dreiecke mit 2 gleich langen Seiten

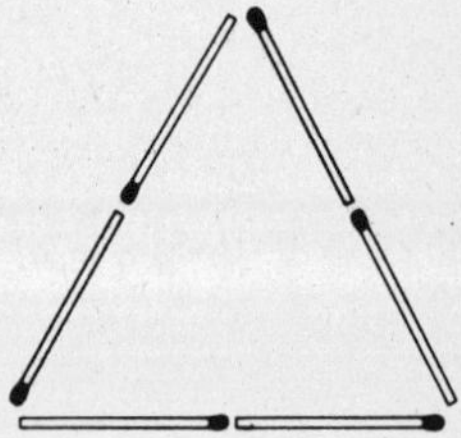

und gleichseitige Dreiecke mit 3 gleich langen Seiten.

Ein ungleichseitiges Dreieck und ein gleichschenkliges Dreieck können gleichzeitig auch ein rechtwinkliges Dreieck sein, das heißt, einer ihrer 3 Winkel ist dann ein rechter. Ein gleichseitiges Dreieck jedoch ist nie rechtwinklig; seine Winkel haben immer je 60 Grad.

Man kann aber aus jedem Dreieck, auch aus einem gleichseitigen, 2 rechtwinklige Dreiecke machen, indem man es durch eine Gerade teilt, die von einem Punkt aus senkrecht die gegenüberliegende Gerade schneidet, z. B. so:

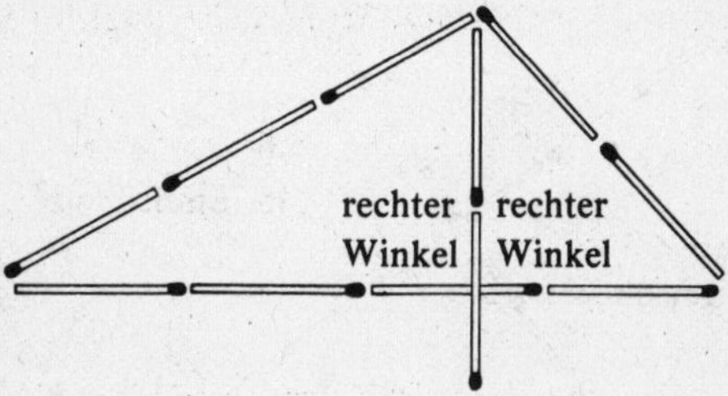

Und mit den rechtwinkligen Dreiecken hat es seine eigene Bewandtnis. Die Babylonier hatten vor Tausenden von Jahren eine Geometrie entwickelt, mit deren Hilfe sie Dämme bauen und Maße berechnen konnten. Es gelang ihnen auch, einen Lehrsatz aufzustellen, der später dem Griechen Pythagoras zugeschrieben wurde. Dem zufolge ist die Summe der Quadrate über den beiden kleineren Seiten eines rechtwinkligen Dreiecks gleich dem Quadrat über dessen größter Seite.

Stellen wir uns ein rechtwinkliges Dreieck vor mit den kleinstmöglichen ganzzahligen Strecken von $a = 3$, $b = 4$ und $c = 5$ Streichholzlängen.

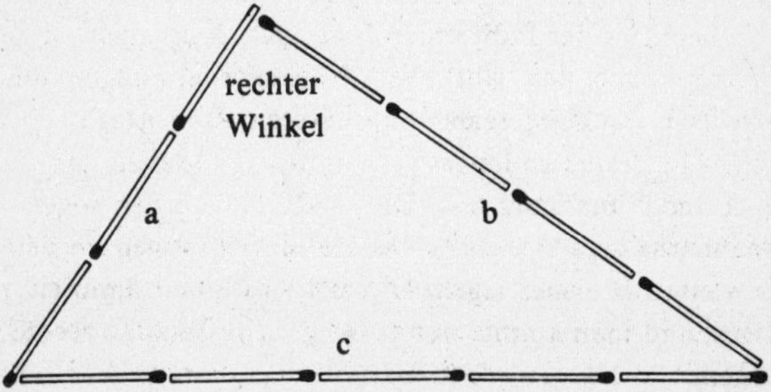

Über jeder Seite dieses rechtwinkligen Dreiecks bilden wir mit Streichhölzern ein Quadrat.

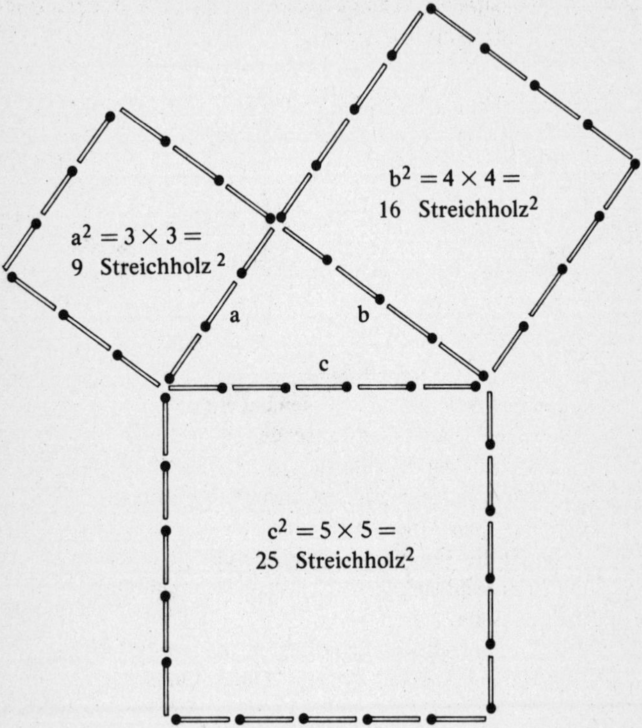

Dann ist also $a^2 + b^2 = c^2$, bzw. $9 + 16 = 25$.
Diese Erkenntnis der Babylonier kam auch den Ägyptern zugute. Sie mußten nach den jährlichen Überschwemmungen des Nils immer wieder die Ländereien am Fluß vermessen. Dazu verwendeten sie ein 12 Einheiten langes geknüpftes Seil, das in den Abständen 3, 4 und 5 markiert war. Dieses wurde von den sogenannten »Seilspannern« geradegezogen, bis die Markierungen an den Eckpunkten eines Dreiecks lagen. Dieses Dreieck war dann ein rechtwinkliges, und man konnte damit überall im Gelände rechte Winkel bilden.

Kalkulus holte tief Luft, doch bevor er seine Ausführungen fortsetzen konnte, ging der geometrische Spieltrieb mit uns Zuhörern durch. Wir begannen, Dreiecksaufgaben zu lösen. Die interessantesten davon waren die folgenden.

8 Hier ist ein gleichseitiges Dreieck.

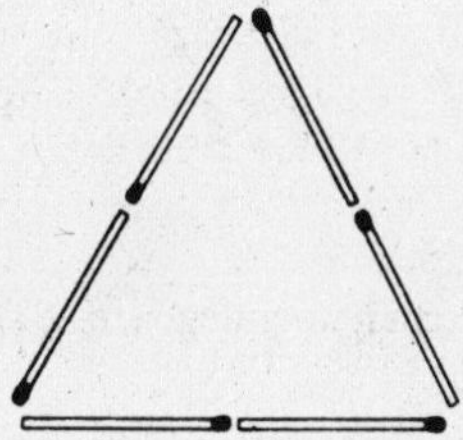

Geben Sie 3 Hölzchen dazu, so daß 5 gleichseitige Dreiecke entstehen, 4 kleine und 1 großes.

36 Hier sind 3 gleichseitige Dreiecke.

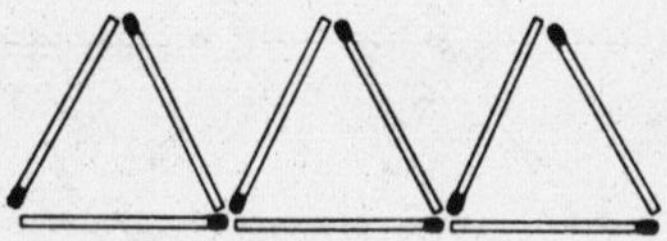

Legen Sie 2 Hölzchen um, so daß 4 gleichseitige Dreiecke entstehen.

45 Legen Sie aus 5 Zündhölzern 2 gleichschenklige Dreiecke, die nur einen Punkt gemeinsam haben.

120 Legen Sie aus 4 Zündhölzern 2 gleichschenklige Dreiecke, die nur einen Punkt gemeinsam haben.

11 Legen Sie aus 12 Zündhölzern folgende Figur auf den Tisch.

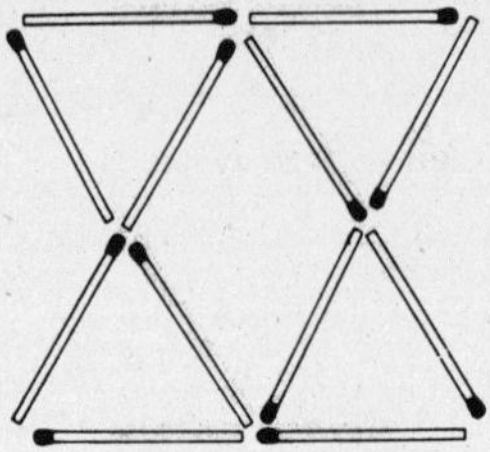

Nun sind 4 Hölzchen umzulegen, so daß 6 gleichseitige Dreiecke entstehen.

27 Wie viele Dreiecke sind in dieser Figur enthalten?

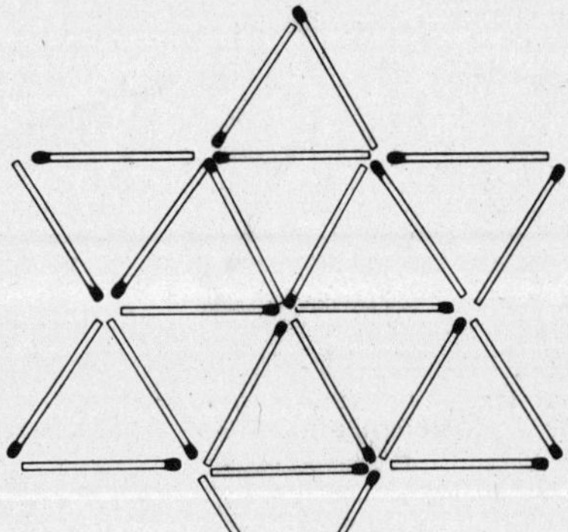

78 Aus 8 Streichhölzern sind 4 gleich große rechtwinklige Dreiecke und 2 verschieden große Quadrate zu legen.

22 Aus 9 Streichhölzern legen wir einen Tomahawk.

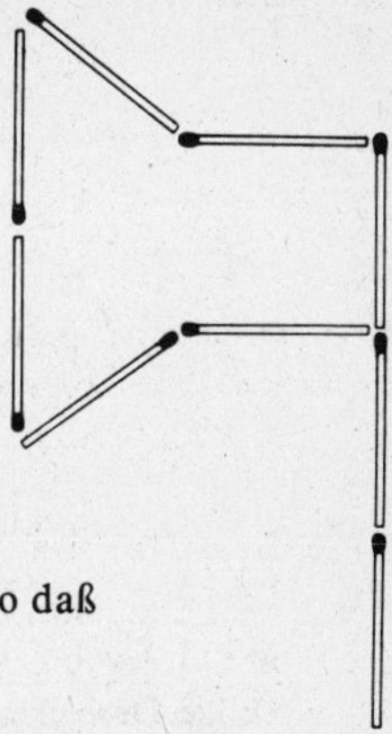

Es sind 5 Hölzchen umzulegen, so daß 5 Dreiecke entstehen.

92 Aus 18 Streichhölzern bilden wir 13 gleichseitige Dreiecke, 9 kleine, 3 mittelgroße und 1 großes.

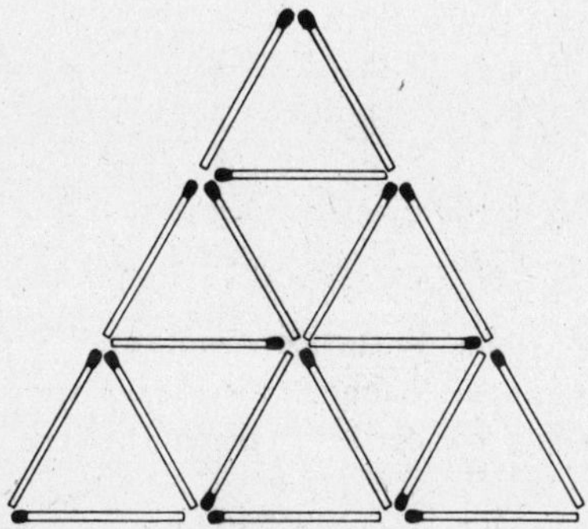

Es sind 5 Hölzchen wegzunehmen, so daß nur 5 Dreiecke übrigbleiben.

81 Wir bauen aus 6 Streichhölzern ein kleines Haus. 3 Hölzchen sind umzulegen, daß 4 gleichseitige Dreiecke entstehen.

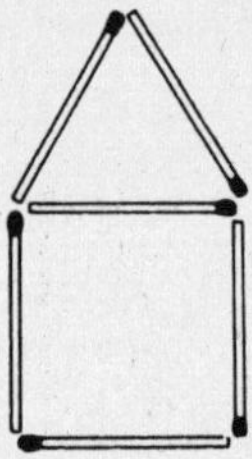

47 Und nun legen wir aus denselben 6 Streichhölzern 12 rechtwinklige Dreiecke.

137 Kalkulus Spezial

Wieder sollte Kalkulus das letzte Wort behalten. Er nahm die 6 Hölzchen gedankenverloren zur Hand.

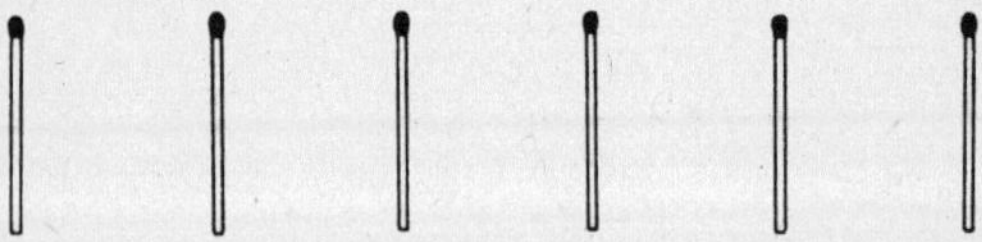

Wir sollten noch einmal versuchen, meinte er, 4 gleichseitige Dreiecke daraus zu bilden — ähnlich wie bei der vorletzten Aufgabe. Doch diesmal sollte jede der Seiten dieser Dreiecke *ein* Streichholz lang sein.
Wieder wäre es möglich, daß unsere Erfahrungen aus den vorhergegangenen Aufgaben die richtige Lösung hinauszögern oder verhindern könnten.
Ist diese Aufgabe lösbar? Was meinen *Sie?*

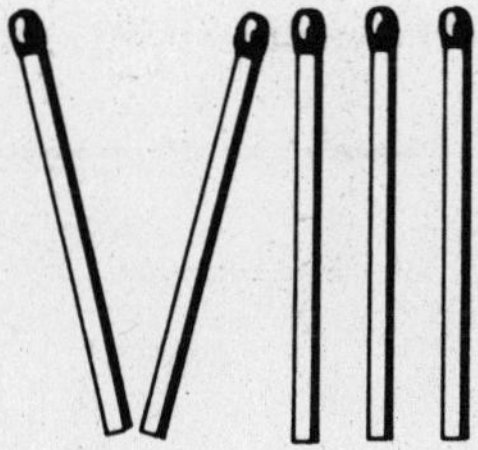

Teilend denken — denkend teilen

Lösen Sie bitte die folgenden 2 Teilungsaufgaben (vorausgesetzt, Sie kennen sie noch nicht) und beobachten Sie dabei, wie Sie vorgehen. Intuitiv (probierend) oder konsequent (schrittweise) — beides kann zum Ziel führen.

9 Ein Vater vererbt seinen 4 Söhnen ein Grundstück, auf dem 4 Bäume stehen. Jeder Sohn soll einen gleich großen Teil des Grundstückes und einen Baum bekommen.

55 Wieder vererbt ein Vater an 4 Söhne ein Grundstück mit 4 Bäumen, und jeder Sohn soll einen gleich großen, gleichförmigen Teil und einen Baum bekommen.

Jetzt kommt eine Teilungsaufgabe, die nur durch konsequentes und nicht durch intuitives Denken zu lösen ist. Und zwar so, daß man von der geforderten Endsituation ausgeht, die Aufgabe schrittweise vom Ende her rekonstruiert, bis man daraus die Anfangssituation entwickelt hat.

128 Das Josephsspiel

Dieses Abzählspiel hat uralte Tradition und geht auf den jüdischen Geschichtsschreiber und Feldherrn Flavius Josephus zurück. Auch Hans Sachs, Schuhmacher und Poet, hat die Geschichte in Reimen erzählt: »Die XV Christen und XV Türken, die auff dem meer fuhren ...«
Worum geht es? 15 Personen der Partei A und 15 Personen der Partei B fahren auf dem Meer, und das Schiff gerät in Seenot. Um es vor dem Untergang zu bewahren, muß die Hälfte der Reisenden über Bord geworfen werden. Dies soll nach einem bestimmten Ritual geschehen.
Alle 30 stellen sich in einer Reihe auf. Von links beginnend wird bis 9 gezählt, und der neunte muß über Bord. Dann wird wieder bis 9 gezählt ... und so fort. Hat man das Ende der Reihe erreicht, wird wieder von vorn weitergezählt.
Die Frage lautet: Wie muß sich die Partei A aufstellen, damit nur Reisende der Partei B über Bord springen müssen?
Die eine Partei wird durch Hölzchen mit dem Kopf nach unten, die andere durch Hölzchen mit dem Kopf nach oben dargestellt.

Hier ist noch eine Teilungsaufgabe, zu der man konsequentes Denken braucht. Und wenn es sich dabei um konsequentes Probieren handelt.

91 Zwei Schatzgräber finden 10 Goldstücke und 11 Silberlöffel. Der Klügere der beiden schlägt dem anderen ein besonderes Teilungsverfahren vor. Und zwar werden die Goldstücke und die Silberlöffel in dieser Reihenfolge kreisförmig ausgelegt.

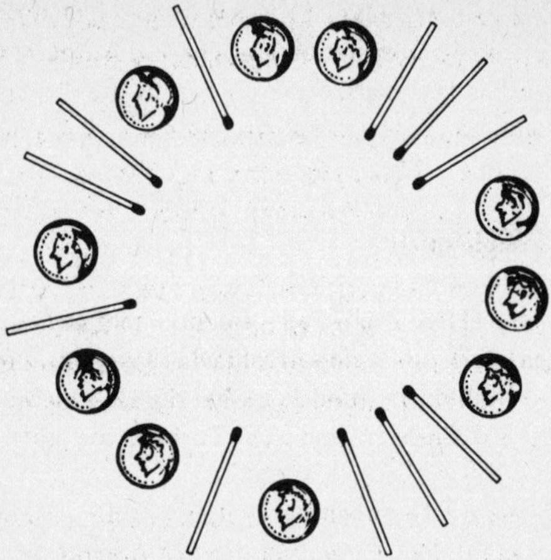

Der Klügere beginnt, zählt zehnmal im Uhrzeigersinn jeweils bis 5 und nimmt 10 Gegenstände weg. Dann darf der Dümmere elfmal bis 5 zählen und 11 Gegenstände wegnehmen. Wo beginnt der Klügere zu zählen, damit er die 10 Goldstücke bekommt?

Strategisches Denken braucht man, um die folgenden Aufgaben so zu lösen, daß man gewinnt. Hierbei geht es darum, aus mehreren möglichen Schritten denjenigen auszuwählen, der am besten geeignet ist, um zum Erfolg zu gelangen. Alles hängt davon ab, daß ein Spieler die Situation genauer erfaßt als sein Gegner, und daß er durch eine logische Analyse strategische Spielprinzipien ableitet. Stehen gültige strategische Prinzipien zur Verfügung, so ist ein erheblich geringeres Maß an Erfahrung notwendig, um das Spiel gut spielen zu können. Unrichtige strategische Prinzipien oder ein intuitives Vorgehen ohne Prinzipien führen meist zur Niederlage.

31 Von einem Häufchen mit 11 Streichhölzern nehmen 2 Spieler abwechselnd jeweils 1 bis 3 Hölzchen weg. Wer das letzte nehmen muß, verliert. Wer gewinnt immer?

38 Auf dem Tisch liegen 15 Streichhölzer. Abwechselnd nehmen 2 Spieler 1 bis 3 Hölzchen weg. Wer das letzte nehmen muß, hat verloren. Wie kann man nie verlieren?

65 25 Hölzchen liegen auf dem Tisch. Beide Spieler nehmen abwechselnd 1 bis 4 Streichhölzer weg. Verloren hat, wer das letzte Hölzchen nehmen muß. Wer zuerst zieht, kann es so einrichten, daß er immer gewinnt. Und wenn er als zweiter beginnen muß?

112 30 Hölzchen liegen auf einem Haufen. Abwechselnd werden 1 bis 6 Hölzchen entfernt. Es gewinnt, wer das letzte Streichholz vom Tisch nimmt. Wie gewinnt man?

146 Es werden 3 Häufchen mit beliebig vielen Streichhölzern gebildet. Wer am Zug ist, darf von einem der Häufchen beliebig viele Hölzchen — auch alle — wegnehmen. Wer das letzte Streichholz vom Tisch nimmt, hat verloren. Wie kann man das Spiel gewinnen?

Hier ist zum Abschluß noch ein Teilungsproblem. Um es zu lösen, genügt es nicht, intuitiv, konsequent oder strategisch zu denken. Es ist ein kleiner Trick dabei. Und auf den muß man kommen.

170 Die Teilung der Kamele

Ali Baba verteilt 39 Kamele an seine 4 Söhne. Der erste soll die Hälfte, der zweite ein Viertel, der dritte ein Achtel und der vierte ein Zehntel bekommen. Wie ist die Aufgabe zu lösen?

Erst der weise Ibrahim, der zur Hilfe angeritten kommt, weiß Rat.

Mikromagie

»Auch kleine Dinge können uns entzücken«, sagte Trixor, der Zauberer. Damit meinte er die Mikromagie, die Zauberkunst am Tisch, im kleinen Kreis, mit kleinen, alltäglichen Requisiten wie Messer, Löffel, Tücher, Zigaretten und — Streichhölzer. Für den unbefangenen Zuschauer ist es ein größeres Wunder, wenn vor seinen Augen eine entliehene Münze ein Glas durchdringt, als wenn der Illusionist auf der Bühne seine Assistentin zersägt. Der Reiz liegt darin, daß die Zuschauer unmittelbar danebensitzen und sich die dargebotenen Wunder doch nicht erklären können. Hierbei gibt es keine spezielle Beleuchtung wie auf der großen Bühne, keine Versenkung, keine Kulisse und keinen Mitarbeiterstab. Hier sitzt ein Mann — der Magier — allein mit seinen geschickten Händen.
Glauben Sie aber nicht, man könne Mikromagie ohne Übung vorführen. Genau wie bei der Bühnenmagie will jedes Kunststück genau durchdacht und gut einstudiert sein, erst dann erzielen Sie die beabsichtigte Wirkung.
Versuchen Sie, die Tricks möglichst effektvoll »zu verkaufen«. Sie haben Zeit und brauchen nicht so zu hasten, wie es bei Bühnendarbietungen meist erforderlich ist. Und umgeben Sie jeden Trick mit einer netten kleinen Geschichte. Dann gelingt es Ihnen, Ihr Publikum zu bezaubern. Und noch etwas: Verraten Sie das Geheimnis nicht! Auch nicht dadurch, daß Sie ein Kunststück zweimal hintereinander vorführen.

117 Salto mortale

Eine Streichholzschachtel wird an die Tischkante gelegt. Darauf kommt ein Hölzchen; der Kopf liegt auf der Schachtel, und die Hälfte ragt über Schachtel und Tischkante hinaus. Der Magier berührt mit einem zweiten Hölzchen vorsichtig das erste, und — »Abrakadabra« — schon hat dieses einen Salto mortale geschlagen. Was meinen Sie? Nein, nein. Die Hände des Magiers waren dabei vollkommen ruhig.

86 Das indische Tuch

Trixor zeigt uns ein Seidentuch, das ihm — wie er sagt — ein indischer Fakir aus Dankbarkeit geschenkt hatte. Es hat ganz besondere Eigenschaften.
Er läßt einen Zuschauer ein Hölzchen vom Tisch nehmen und in das Tuch legen. Durch magnetisches Bestreichen und Dagegenpusten mit seinem magischen Odem weckt er die geheimnisvollen Kräfte. Dann schlägt er das Tuch über dem Streichholz zusammen und dreht es herum. Er bittet den Zuschauer, das Hölzchen durch das Tuch hindurch festzuhalten und zu zerbrechen.
Das Tuch hat nun die Aufgabe, den Schaden zu beseitigen. Trixor bläst dagegen, schüttelt das Tuch und — »Abrakadabra« — das Hölzchen fällt unbeschädigt heraus.
Wie? Nein, nein. Das Tuch ist leer. Es hat auch keinen Saum, in dem man ein zweites Hölzchen verbergen könnte.

94 Die magische Elf

Der Magier legt 9 Streichhölzer auf den Tisch und stellt die Aufgabe, daraus elf zu machen, ohne ein Hölzchen zu zerbrechen und ohne welche dazuzulegen.
Richtig, so geht es:

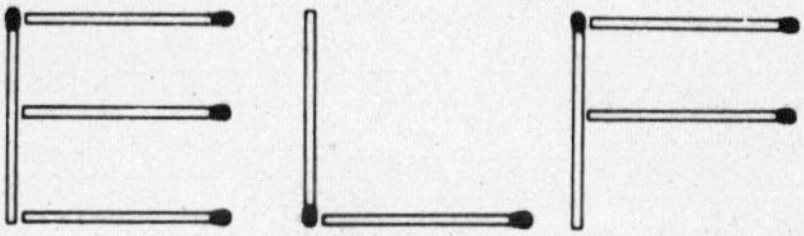

Dann nimmt er 3 Hölzchen fort, so daß nur noch 6 auf dem Tisch liegen, und stellt noch einmal die gleiche Aufgabe. Also wieder sollen daraus elf gemacht werden.
Noch einmal werden 3 Hölzchen entfernt. Aus den restlichen 3 sollen wieder elf werden.
Nun nimmt der Magier 2 Hölzchen weg, so daß nur noch ein einziges auf dem Tisch bleibt, Wer kann daraus elf machen? Für einen Magier ist dies eine Kleinigkeit.

»Sicher sind Ihnen die Grundgesetze des Magnetismus bekannt. Jeder Stabmagnet, zum Beispiel, besitzt zwei Pole, einen positiven und einen negativen. Bringt man nun einen zweiten Magneten in die Nähe des ersten, so werden Sie sehen, daß sich zwei Pole entweder anziehen oder gegenseitig abstoßen.
Doch lassen wir der Theorie die Praxis folgen. Leider habe ich im Moment keine Stahlmagneten zur Hand. Ich bin wohl oder übel auf meine Streichholzschachtel angewiesen. Diese zwei Hölzchen stellen jetzt die Magneten dar. Durch ein bloßes Dagegenpusten habe ich diese physikalischen Eigenschaften in ihnen geweckt.
Um eine Grundlage zu haben, lege ich ein drittes Hölzchen der Länge nach auf die Schachtel. Auf dieses lege ich vorsichtig den ersten Magneten, so daß er darauf balanciert.
Hoffentlich reicht der Magnetismus aus, damit ich Ihnen das eben Erläuterte praktisch demonstrieren kann. Zur Unterstützung reibe ich den zweiten Magneten am Ärmel meiner Jacke. Sie wissen ja: Durch Reibung kann man Wärme, Elektrizität und — bei uns hier — auch Magnetismus erzeugen.
Nun stelle ich den zweiten Magneten mit seiner Spitze auf das vordere rechte Viertel der Schachtel.

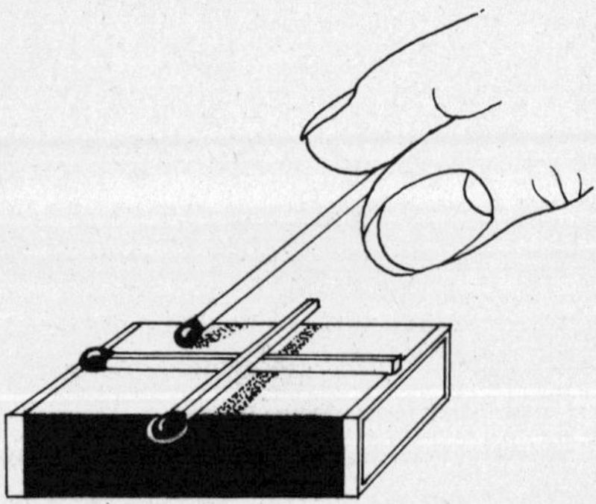

Haben Sie es gesehen? Ganz schnell hat sich der erste Magnet auf den zweiten zubewegt, und jetzt haftet er daran.

Rein zufällig habe ich gleich zwei entgegengesetzte Pole gefunden. Und jetzt versuchen wir das Entgegengesetzte. Zunächst bringe ich den ersten Magneten wieder in Grundstellung. Dann reibe ich den zweiten am Ärmel — und stelle ihn auf das vordere linke Viertel der Schachtel. Sehen Sie: Die Pole stoßen sich ab.«

109 Die verzauberten Hölzchen

Trixor öffnet eine Streichholzschachtel und gibt mit einem Hölzchen Feuer. Die Schachtel enthält noch einige Streichhölzer. Diese sollen verzaubert werden.
Er verschließt die Schachtel, pustet auf den Deckel der Hülse, und — »Abrakadabra« — beim Öffnen der Lade ist die Schachtel leer. Er nimmt sogar die Lade heraus und zeigt sie vor.
Nun wird die Schachtel wieder verschlossen und zwischen den Händen gerieben. — »Abrakadabra« — beim Öffnen sind die Hölzchen wieder da.

113 Durchdringung der Materie

Der Zauberkünstler führt eine Sicherheitsnadel vor, auf die ein Streichholz aufgespießt wurde.

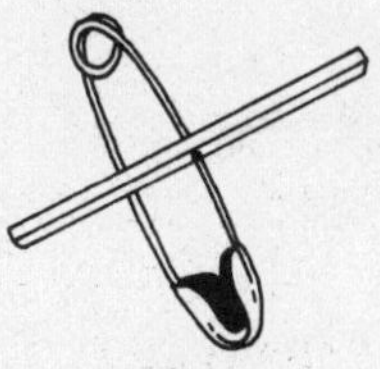

Jetzt schnippt er mit dem Mittelfinger dagegen, und das Hölzchen — bei dem übrigens die Kuppe fehlt — durchdringt sichtbar den Schenkel der Nadel.

124 Phönix

»Ihre Zigarette ist ausgegangen. Darf ich Ihnen auf magische Weise Feuer reichen?
Warum immer neue Streichhölzer verwenden? Nehmen wir doch ein altes, abgebranntes aus dem Aschenbecher. —
Zuerst müssen wir es einer magischen Behandlung unterziehen. Das Köpfchen muß nach Norden zeigen, damit die magnetischen Kraftfelder durch das Hölzchen strömen können. — So, und nun reiben wir es an der Schachtel. Es brennt.«

162 Die geizige Schachtel

»Darf ich Ihnen ein Hölzchen anbieten?

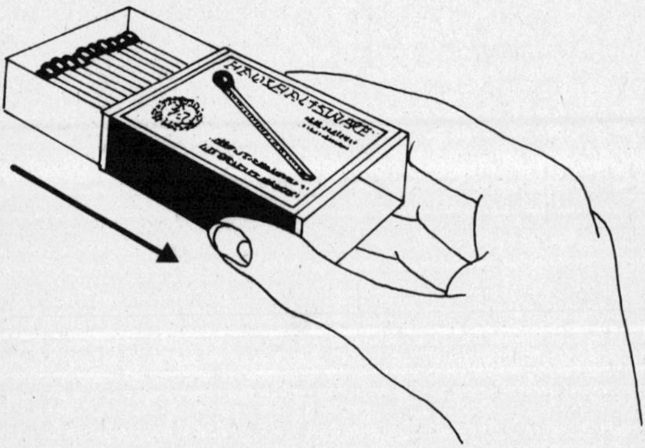

Nanu? Die Lade schließt sich von selbst zu.«

133 Pustefix

Trixor hält ein brennendes Streichholz zwischen Daumen und Zeigefinger der erhobenen rechten Hand.
Dann pustet er kräftig in seinen linken Ärmel. — Das Hölzchen erlischt.

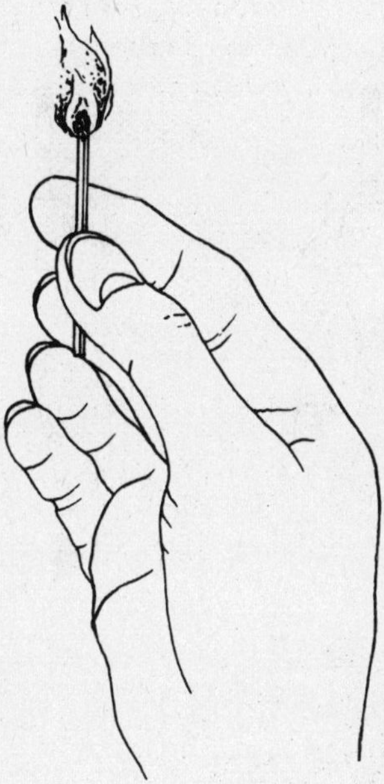

138 Die rätselhaften Punkte

Der Magier hat zwei flache Hölzchen aus einem Streichholzheftchen in seinen Händen. Eines hält er zwischen Daumen und Zeigefinger der linken und das andere zwischen den gleichen Fingern der rechten Hand. Er zeigt sie von beiden Seiten vor — 2 leere Flächen sind zu sehen.

Nun streicht er mit dem Ringfinger der linken Hand über das rechte Hölzchen, bläst dagegen und — auf der zuvor leeren Fläche erscheint ein schwarzer Punkt. Dann dreht er das rechte Streichholz um — dort ist auch ein Punkt.

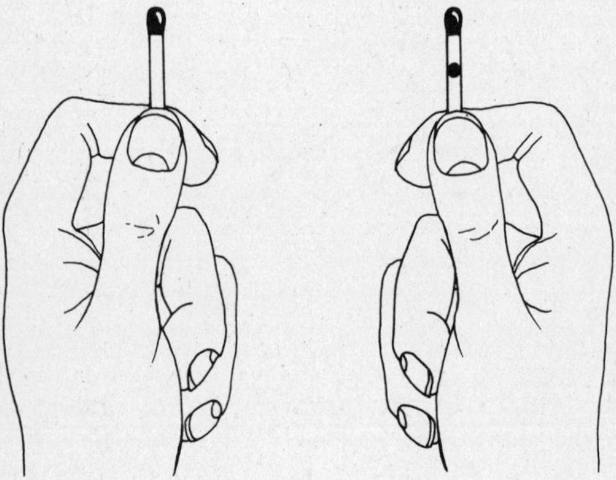

Nun streicht er mit dem Ringfinger der rechten Hand über das linke Hölzchen und bläst dagegen: Der Punkt ist auf dem rechten Streichholz verschwunden und auf dem linken angekommen. Jetzt zeigt er die Hölzchen von beiden Seiten — das rechte Hölzchen ist von beiden Seiten leer, und der Punkt ist auch auf der zweiten Fläche des linken Hölzchens zu sehen.
Wieder nähern sich seine Hände — die Punkte sind wieder auf dem rechten Hölzchen erschienen. Noch eine Bewegung — »Abrakadabra« — und die Flächen beider Streichhölzer sind wieder leer.

141 In ein Nichts

Trixor legt 3 Streichhölzer auf den Tisch. Er will sie vor unseren Augen in ein Nichts auflösen. Er läßt einen Zuschauer die linke Hand ausstrecken, und zwar so, daß die Innenfläche ihm, dem Zauberer, zugekehrt ist. Er bittet den Zuschauer, die Finger zu schließen und nur den Daumen abzuspreizen.

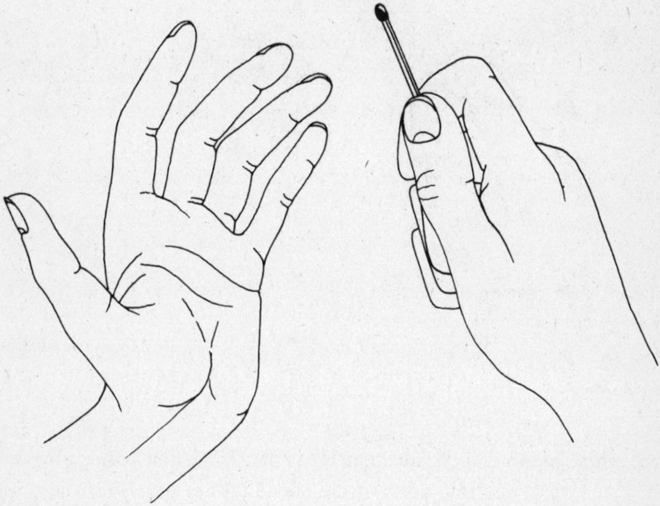

Nun tippt Trixor mit dem ersten Hölzchen dreimal leicht in den Zwischenraum zwischen Daumen und Zeigefinger der Hand des Zuschauers. Beim drittenmal muß dieser versuchen, das Hölzchen mit dem Daumen festzuhalten.
Eins — zwei — drei! — Das Hölzchen ist weg.
Eins — zwei — drei! — Auch das zweite ist verschwunden.
Eins — zwei — drei! — Auch das dritte hat sich in ein Nichts aufgelöst.

145 Das magnetische Haar

Seine Haare wären ebenfalls magnetisch, erzählt der Zauberer. Er reißt ein Haar von seinem Kopf und bringt es in die Nähe von 2 Streichhölzern, die er in der anderen Hand hält.

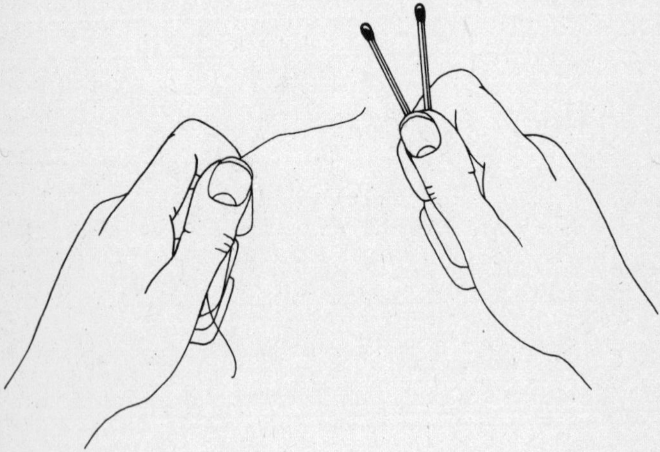

Jedesmal, wenn er sich mit dem Haar den Hölzchen nähert, bewegen sich diese auseinander. Anschließend läßt er das Haar und die Streichhölzer untersuchen.

147 Die standhaften Hölzchen

Nun bringt Trixor seine Hölzchen sogar zum Stehen. Er reibt ganz einfach mit der Kuppe eines Streichhölzchens einige Sekunden auf dem Daumennagel, drückt es leicht auf das Tischtuch, und — »Abrakadabra« — es bleibt stehen.

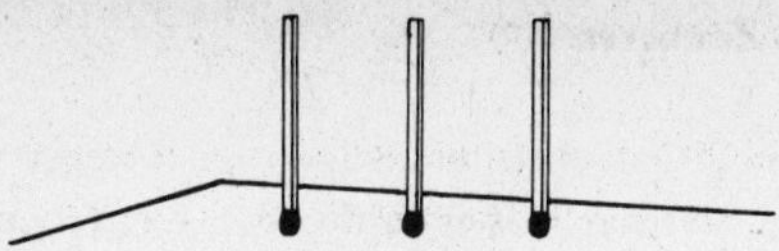

Die Zuschauer versuchen es nachzumachen, aber keinem gelingt es.

157 Die gehorsamen Hölzchen

Der große Magier stellt eine Schüssel mit Wasser auf den Tisch und legt 6 Streichhölzer auf die Wasseroberfläche, so daß sie einen Stern bilden. Dann berührt er mit seinem Zauberstab das Wasser, und — »Abrakadabra« — die Hölzchen schwimmen von der Mitte an den Rand der Schüssel.

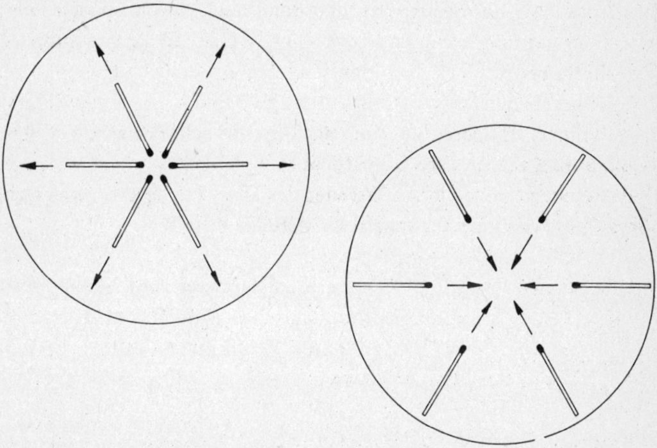

Wieder berührt der Stab das Wasser, und — »Abrakadabra« — die gehorsamen Hölzchen streben wieder der Mitte zu.

»Es lebte einst im Orient ein alter Zauberer, der wegen seiner Weisheit weithin berühmt war. Als er fühlte, daß er sterben müsse, rief er seine beiden Söhne an sein Lager. Er zeigte ihnen zwei Truhen (Streichholzschachteln), wovon die eine leer, die andere aber mit vielen Goldstücken (Streichhölzern) gefüllt war.
Dann wandte er sich an den älteren Sohn (einen Zuschauer), gab ihm die volle Truhe und sagte: Du bist der Ältere, du hast die erste Wahl. Ich weiß nicht mehr, wie viele Goldstücke in der Truhe sind. Nimm dir so viele heraus, wie du willst, aber weniger als 30 und nicht weniger als 20. Die restlichen Goldstücke übergibst du mit der Truhe deinem jüngeren Bruder (einem anderen Zuschauer). Hier, mein älterer Sohn, hast du die leere Truhe. Da lege deine Goldstücke hinein.
Der alte Zauberer kannte aber die Menschen, und er kannte seinen älteren Sohn. Und deshalb sagte er zu ihm: Ich weiß nicht, wie viele Goldstücke du genommen hast, aber ich bitte dich, deinem jüngeren Bruder noch ein paar abzugeben, und zwar so viele, wie die von dir ausgesuchte Zahl Einer hat, und dann noch einmal so viele, wie sie Zehner hat (hat z. B. der ältere Sohn 27 Goldstücke genommen, dann hatte er jetzt 7 + 2 an den jüngeren Bruder abzugeben).
Als das geschehen war, da starb der alte Mann, und seine Söhne hatten nichts Eiligeres zu tun, als ihre Erbschaft nachzuzählen (beide Söhne zählen ihre Goldstücke).
Und da sehen Sie das letzte Wunder des alten Zauberers. Jeder der Söhne hatte die gleiche Anzahl Goldstücke erhalten.«

Mit herzlichem Beifall für Trixor, den Zauberer, beschließen wir das Kapitel der Mikromagie, des magischen Nahkampfes zwischen dem Künstler und seinem dankbaren Publikum.

Rhomben und Rhomboide

Sie wissen doch noch, was ein Rhombus ist? Man kann es etwas unmathematisch auch als ein verschobenes Quadrat bezeichnen. Gleichermaßen stellt ein Rhomboid ein verschobenes Rechteck dar. Ich hoffe nicht, daß wir deswegen noch einmal Kalkulus bemühen müssen.
Auch mit diesen Figuren lassen sich einige interessante Aufgaben stellen und lösen.

25 Aus 18 Streichhölzchen legen wir einen Stern.

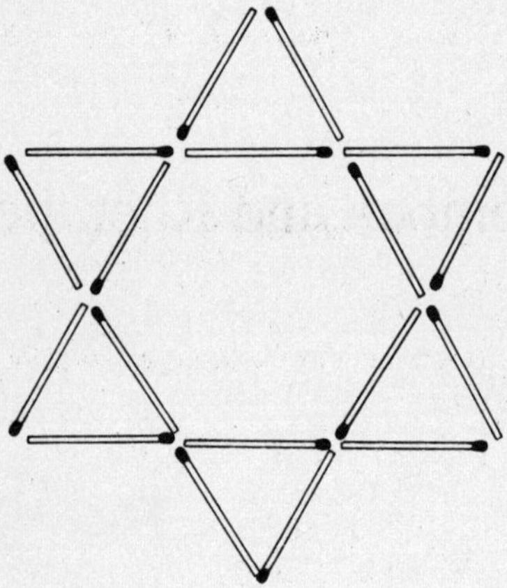

Es sind 6 Hölzchen umzulegen, so daß der Stern 6 gleich große Rhomben enthält.

75 Diese 3 E's sind so anzuordnen, daß 6 Rhomboide, 3 Rhomben und 1 Sechseck entstehen.

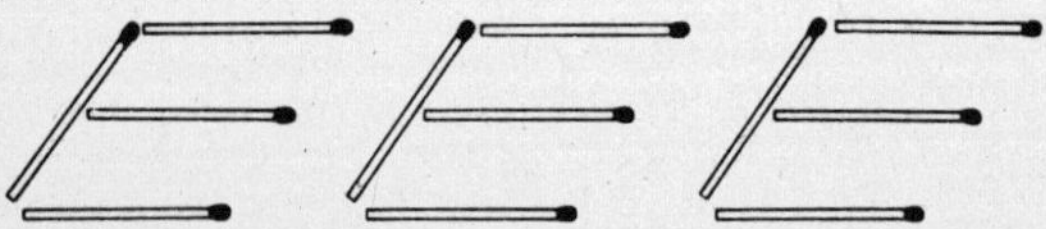

12 Aus der folgenden Figur 2 umlegen = 4 Rhomboide und 2 Rhomben.

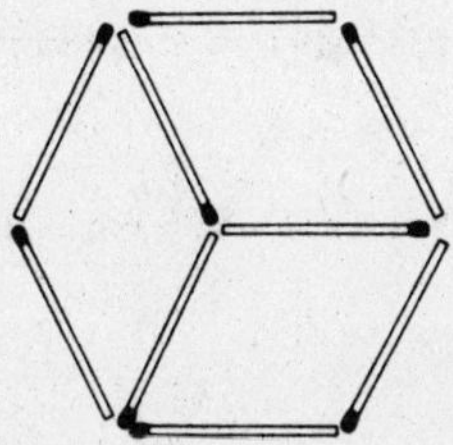

20 Aus der obigen Grundfigur wieder 2 umlegen = 3 Rhomben und 4 Dreiecke.

111 Aus der folgenden Figur 4 umlegen = 2 Rhomben und 5 Rhomboide.

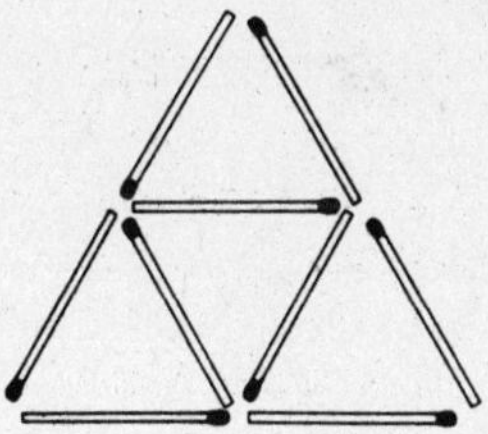

143 5 umlegen = 3 Rhomben.

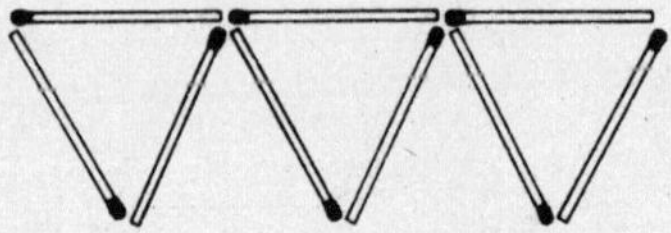

144 Aus der neuen Figur 4 umlegen = 5 Dreiecke.

23 Der folgenden Figur 3 Hölzchen entnehmen, dann bleiben in 3 Rhomben 6 Dreiecke.

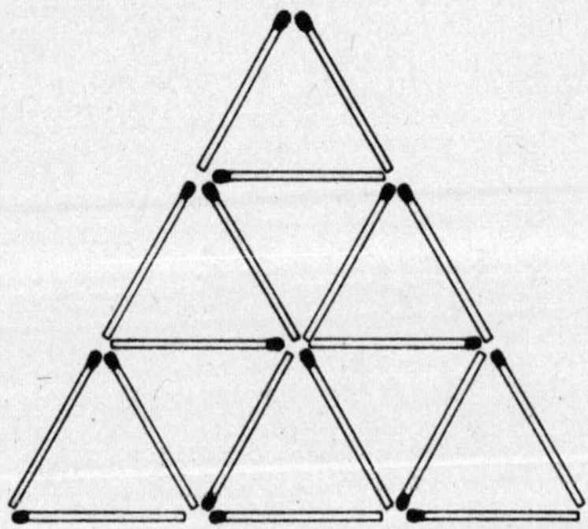

32 Von derselben Figur 5 Hölzchen wegnehmen = 2 Rhomben und 5 Dreiecke.

87 2 umlegen, 1 dazu = 2 Rhomben.

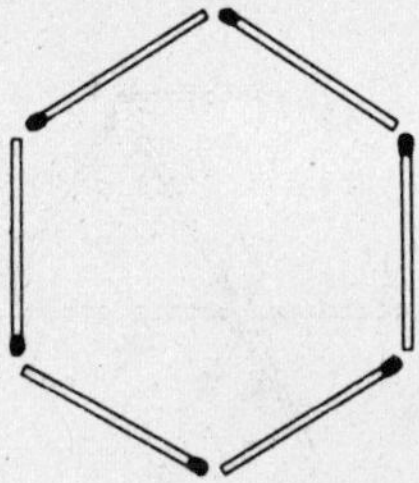

103 Im folgenden Stern 6 umlegen = 3 Rhomben.

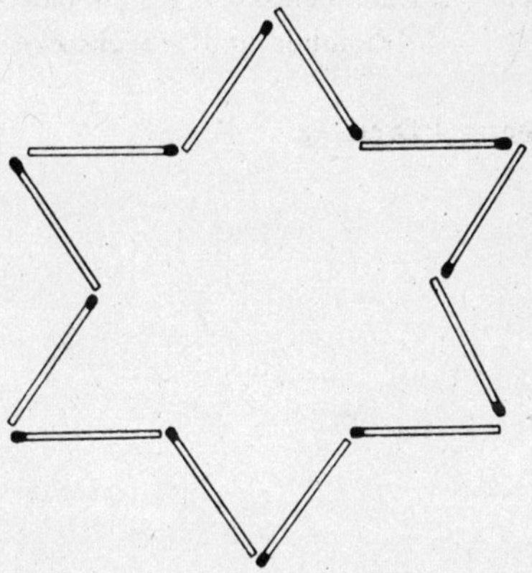

28 Und nun aus den 3 Rhomben, die durch das Umlegen entstanden sind, zwei machen.

Jetzt legen wir aus 12 Streichhölzern eine Grundfigur, von der bei den folgenden 5 Aufgaben auszugehen ist. Sie stellt ein Sechseck dar, das 6 gleichseitige Dreiecke umschließt.

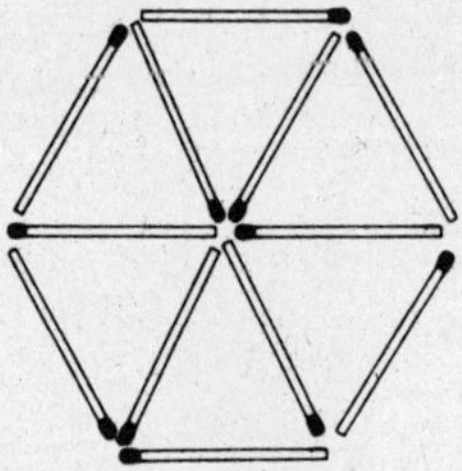

48 4 umlegen = 5 Rhomben, 1 großer und 4 kleine,

57 3 umlegen = 4 Rhomben,

106 2 umlegen = 6 Dreiecke, 5 kleine und 1 großes,

75 3 umlegen = 3 Rhomben und 6 Rhomboide,

66 4 umlegen = 1 Rhombus und 3 Sechsecke, 2 kleine und 1 großes,

67 3 umlegen = 4 Dreiecke.

Geheimnisvolle Zeichen

Aus diesen geheimnisvollen Zeichen kann man die Geburtsjahre unserer 6 Klassiker herauslesen.

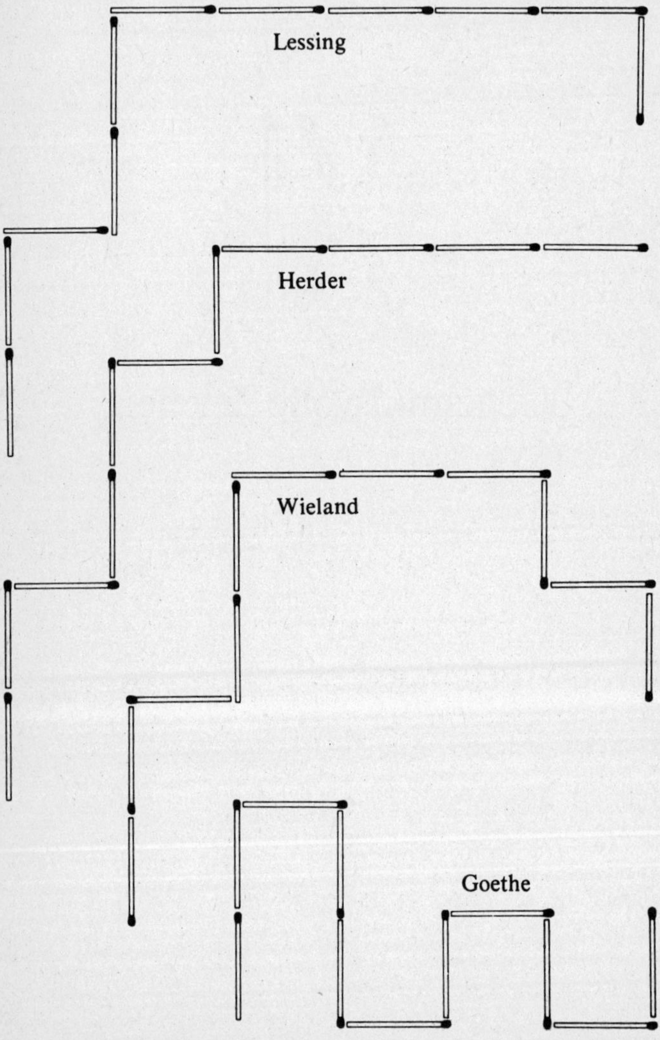

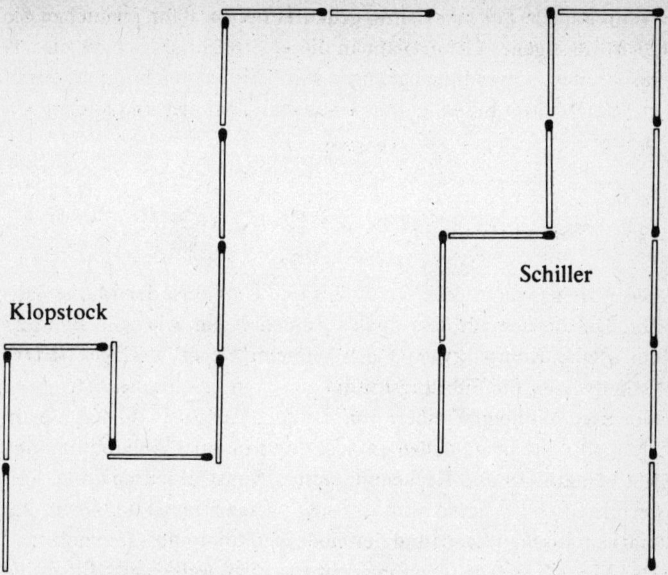

Man beginnt links und merkt sich, daß jedes senkrechte Hölzchen am Anfang eine 1 bedeutet. Außerdem, daß jedes folgende Hölzchen das Doppelte vom vorhergehenden zählt, und zwar genau das Doppelte, wenn es waagrecht, das Doppelte + 1, wenn es senkrecht liegt.

Zur Einübung lesen wir gleich einmal Goethes Geburtszeichen.

1. Hölzchen (senkrecht)				= 1
2. Hölzchen (senkrecht)	2 × 1 =	2, + 1 =		3
3. Hölzchen (waagrecht)	2 × 3		=	6
4. Hölzchen (senkrecht)	2 × 6 =	12, + 1 =		13
5. Hölzchen (senkrecht)	2 × 13 =	26, + 1 =		27
6. Hölzchen (waagrecht)	2 × 27		=	54
7. Hölzchen (senkrecht)	2 × 54 =	108, + 1 =		109
8. Hölzchen (waagrecht)	2 × 109		=	218
9. Hölzchen (senkrecht)	2 × 218 =	436, + 1 =		437
10. Hölzchen (waagrecht)	2 × 437		=	874
11. Hölzchen (senkrecht)	2 × 874 =	1748, + 1 =		1749

Wenn Sie alle Zeichen richtig gedeutet haben, dann versuchen Sie doch, Ihr eigenes Geburtsjahr in dieser Streichholz-Schrift niederzuschreiben. Ob es Ihnen gelingen wird? Sie werden übrigens genau 11 Streichhölzer brauchen, wie Goethe und Schiller und alle großen Geister.

125 Warum gerade 11?

Das wäre gar nicht geheimnisvoll, sagte Kalkulus, der Mathematiker. Das beruhe auf dem dualen Zahlensystem, wie es in Band 27 der Reihe Kompaktwissen des Wilhelm Heyne Verlages »EDV-Grundwissen für Führungskräfte« so schön beschrieben ist.
Gottfried Wilhelm Freiherr von Leibniz (1646—1716) hatte es in alten chinesischen Quellen entdeckt und in einer Abhandlung den Mathematikern und Rechenmaschinen-Konstrukteuren seiner Zeit vermittelt. Auch heute noch ist es ein wesentliches Fundament der mathematischen Logik und der modernen Computer-Technologie.
Der Mensch rechnet eben im Zehnersystem, weil er als Hilfsmittel dazu 10 Finger hat, und der Computer rechnet im Dual- oder Zweiersystem, weil seine Speicherelemente nur 2 Zustände kennen, entweder Strom oder keinen Strom. Warum sollte man das nicht auch durch waagrechte oder senkrechte Streichhölzer darstellen können?
Es gibt beliebig viele Zahlensysteme, denn jede natürliche Zahl (außer der Zahl 1) kann als Basis zugrunde gelegt werden. Jede beliebige Menge kann in jedem beliebigen Zahlensystem dargestellt werden, und jede Zahl eines jeden Zahlensystems kann in die entsprechende Zahl eines anderen Zahlensystems umgewandelt werden.
Der Wert einer Zahl ergibt sich aus den Werten der Ziffern und aus den Werten der Stellen, an denen die Ziffern stehen. Eine Zahl des Zehnersystems, etwa 123, bedeutet demnach

$$1 \times 10^2 + 2 \times 10^1 + 3 \times 10^0.$$

Den gleichen Zahlenwert schreibt man im Neunersystem, das die Ziffern 0 bis 8 umfaßt,

$$1 \times 9^2 + 4 \times 9^1 + 6 \times 9^0 = (146),$$

im Sechsersystem (mit den Ziffern 0 bis 5)

$$3 \times 6^2 + 2 \times 6^1 + 3 \times 6^0 = (323),$$

im Vierersystem (mit den Ziffern 0 bis 3)

$$1 \times 4^3 + 3 \times 4^2 + 2 \times 4^1 + 3 \times 4^0 = (1323)$$

und im Zweiersystem (mit den Ziffern 0 bis 1)

$$1 \times 2^6 + 1 \times 2^5 + 1 \times 2^4 + 1 \times 2^3 + 0 \times 2^2 +$$
$$1 \times 2^1 + 1 \times 2^0 = (1111011),$$

oder ausgedrückt in Streichhölzern, wobei die senkrechten 1 und die waagrechten 0 bedeuten,

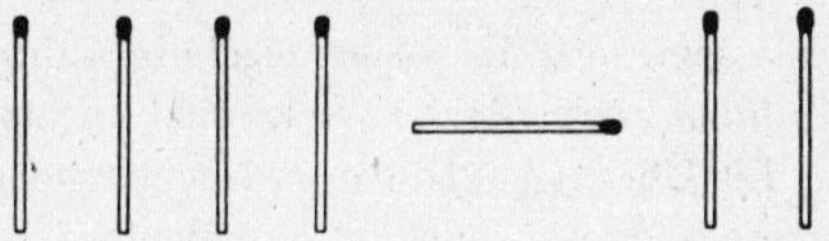

Wie wandelt man Zahlen des Zehnersystems in Zahlen des Zweiersystems um? Man teilt die Dezimalzahl fortlaufend durch 2 und vermerkt den Rest. Die um 90 Grad nach rechts umgelegten Restwerte stellen die umgewandelte Dualzahl dar.
Zum Beispiel die Dezimalzahl 169:

$$169 : 2 = 84, \text{ Rest } 1$$
$$84 : 2 = 42, \text{ Rest } 0$$
$$42 : 2 = 21, \text{ Rest } 0$$
$$21 : 2 = 10, \text{ Rest } 1$$
$$10 : 2 = 5, \text{ Rest } 0$$
$$5 : 2 = 2, \text{ Rest } 1$$
$$2 : 2 = 1, \text{ Rest } 0$$
$$1 : 2 = 0, \text{ Rest } 1$$

Das ergibt im Zweiersystem, ausgedrückt in Hölzchen,

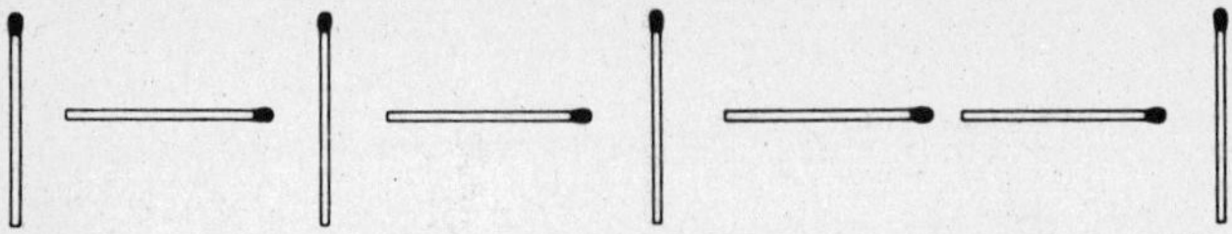

Wie wandelt man Zahlen des Zweiersystems in Zahlen des Zehnersystems um? Man schreibt unter jedes Hölzchen die Zweier-Potenz, die ihrem Stellenwert entspricht, multipliziert jede Potenz mit dem Ziffernwert 0 (bei waagrechtem Hölzchen) oder 1 (bei senkrechtem Hölzchen) und addiert die Produkte. Für die Zahl in unserem Beispiel sieht das so aus:

$$\begin{array}{cccccccc} 2^7 & 2^6 & 2^5 & 2^4 & 2^3 & 2^2 & 2^1 & 2^0 \\ 128 + & 0 + & 32 + & 0 + & 8 + & 0 + & 0 + & 1 \end{array} = 169$$

Für alle Zahlensysteme sind die Rechenregeln im Prinzip gleich. Hier ist die *Addition* zweier Zahlen, links dual, rechts (zum Vergleich) dezimal. Ein Übertrag auf die linke Nachbarstelle erfolgt im Zweiersystem bereits dann, wenn die Summenbildung auf einer Dualstelle den Wert 1 übersteigt.

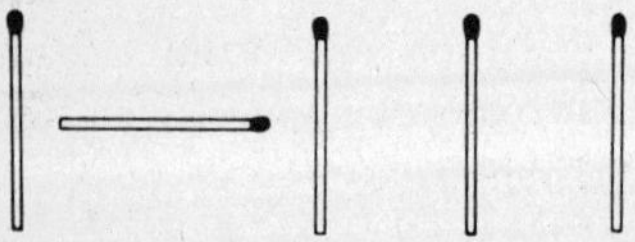

Summand A
$16 + 0 + 4 + 2 + 1 = 23$

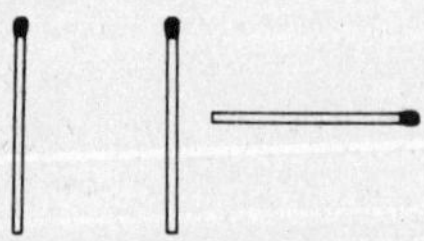

Summand B
$4 + 2 + 0 = 6$

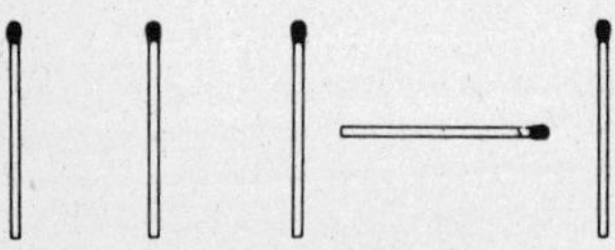

Summe
$16 + 8 + 4 + 0 + 1 = 29$

Auch die *Subtraktion* erfolgt in beiden Systemen nach denselben Regeln. Wenn der Wert des Subtrahenden größer ist als der des Minuenden, wird von der linken Nachbarstelle »geborgt«.

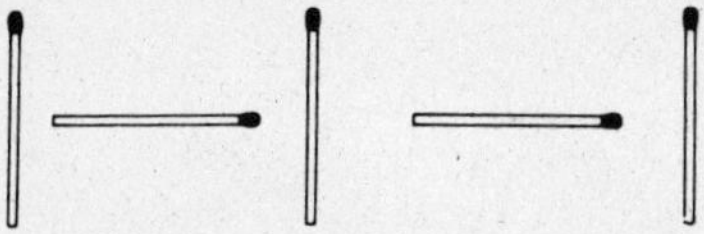

Minuend
16 + 0 + 4 + 0 + 1 = 21

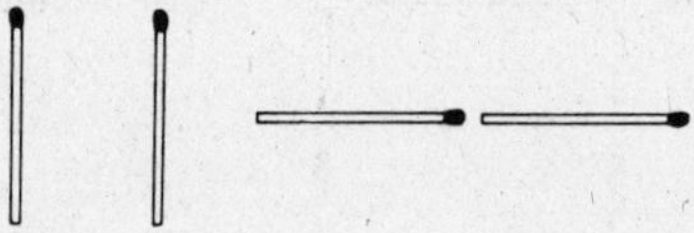

Subtrahend
8 + 4 + 0 + 0 = 12

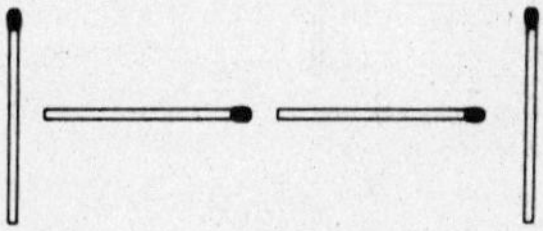

Differenz
8 + 0 + 0 + 1 = 9

40 Addieren Sie die folgenden 2 Dualzahlen und vergleichen Sie die Werte mit dem Dezimalsystem. Bei dieser Aufgabe gibt es keine Überträge.

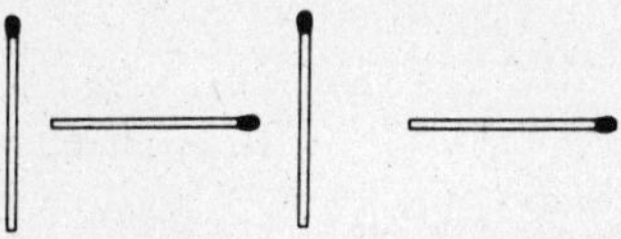

Summand A

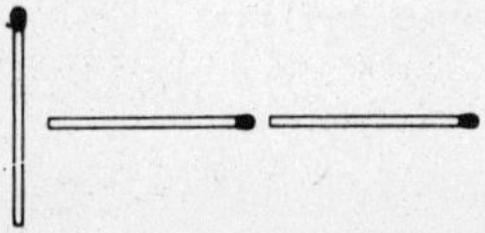

Summand B

41 Addieren Sie die folgenden 2 Dualzahlen und vergleichen Sie die Werte mit dem Dezimalsystem. Hier sind Überträge zu berücksichtigen.

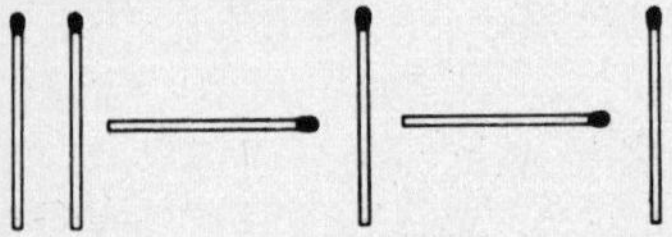

Summand A

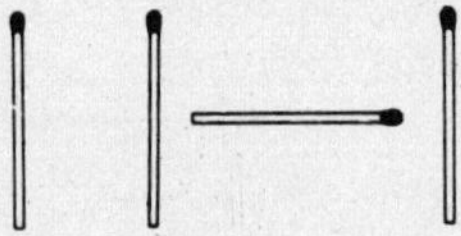

Summand B

42 Und jetzt subtrahieren Sie bitte im Streichholzsystem.

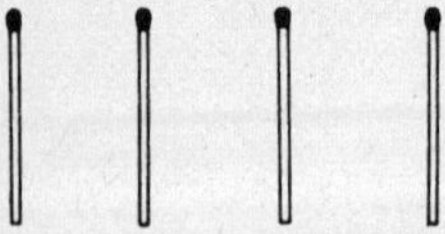

Minuend

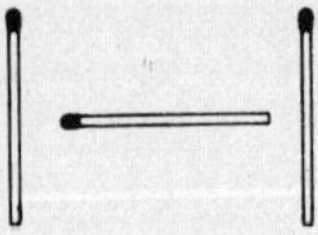

Subtrahend

84 Übertragen Sie die beiden Dezimalzahlen 26 und 5 in das Dualsystem, stellen Sie beide durch Hölzchen dar, addieren Sie beide dual und übertragen Sie das Ergebnis wieder in das Dezimalsystem.

Darf ich Sie zu einer Partie NIM einladen? Sie kennen NIM nicht? NIM ist ein strategisches Streichholzspiel (siehe Seite 54), und Kalkulus würde es so definieren: Ein endliches Zwei-Personen-Nullsummen-Spiel mit vollständiger Information und optimaler Strategie.
Es werden 3 Streichholzhäufchen aus 3, 4 und 5 Hölzern gebildet.

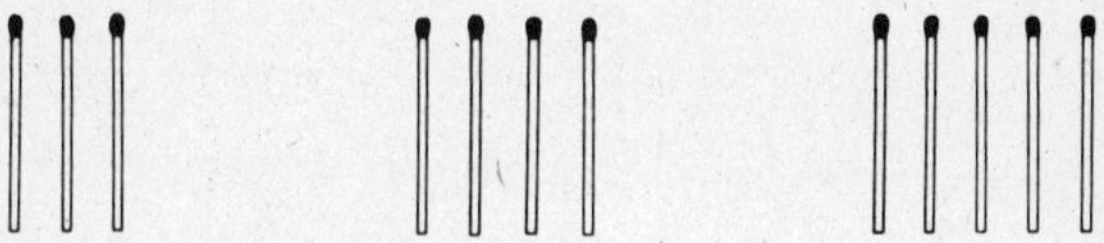

2 Spieler nehmen Zug um Zug ein oder mehrere Hölzchen, jedoch stets nur von einem der 3 Häufchen. Ein Häufchen darf also auch mit einem Zug abgeräumt werden. Gewonnen hat, wer das letzte Streichholz nehmen kann.

Wenn Sie einige Partien gespielt haben, werden Sie sehen, daß es strategische Prinzipien gibt, die einen zum sicheren Sieger machen können. Es gibt eindeutige Gewinnstellungen, sogenannte »sichere« Positionen, die dem Gegner keine Chance mehr lassen, wenn man die weiteren Züge vernünftig bestreitet.

Doch wie läßt sich eine sichere NIM-Position erkennen? Dafür gibt es ein verblüffend einfaches Rezept: Übertrage die 3 Zahlenwerte der 3 Häufchen in das Dualsystem und addiere die Ziffernwerte jeder Dualstelle ohne Übertrag. Ist jeder Summenwert gerade (waagrecht), so ist die Position sicher. Erscheint jedoch auch nur an einer einzigen Stelle ein Summenwert ungerade (senkrecht), dann liegt eine unsichere Position vor.
In der südenglischen Stadt Exeter konstruierten Schüler des Gymnasiums einen kleinen Spielcomputer namens »Nimitron«, der in der Lage ist, als NIM-Spieler zu agieren. Er ist zwar nicht unschlagbar, gewinnt aber stets, wenn sein menschlicher Spielpartner auch nur einen Fehler begeht.

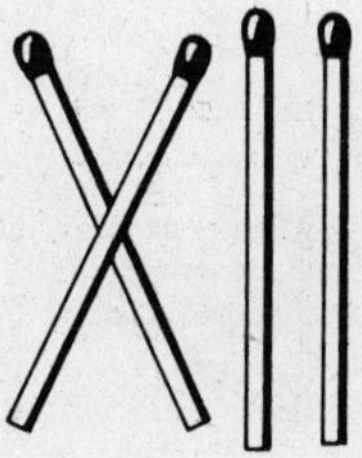

Die alten Römer

Sie kennen sicher die im alten Rom gebräuchlichen Zahlzeichen. Die einzelnen Ziffern lassen sich gut durch Streichhölzer darstellen.

= 1 = 5 = 10 = 50

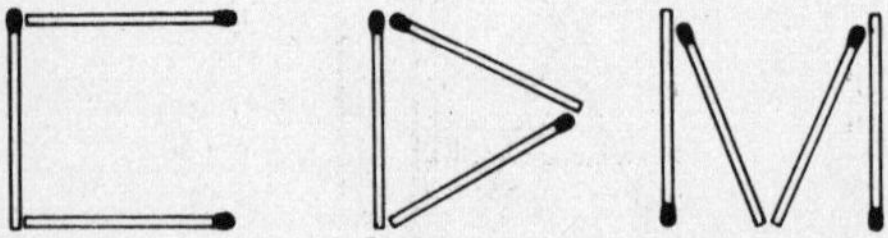

= 100 = 500 = 1000

Es dürfen immer nur höchstens 3 gleiche Ziffern hintereinandergeschrieben werden, die dann addiert werden. *Vor* einer Ziffer darf höchstens *eine* kleinere Ziffer stehen, die dann von der größeren subtrahiert wird. Kleinere Ziffern *hinter* einer größeren werden hinzugezählt. Also bedeutet z. B.

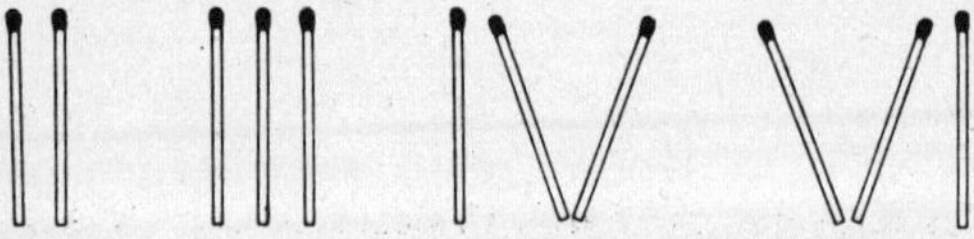

= 2 = 3 = 4 = 6

Wie kann man also aus 3 Hölzchen vier oder sechs machen? Richtig. Hier oben steht schon die Lösung.

Wir unterstellen weiterhin, die alten Römer hätten schon die Streichhölzer gekannt. Wie hätten sie dann folgende Zahlen damit geschrieben:

69 8, 9, 24, 40, 78, 97, 99, 1975.

26 Nehmen Sie von 19 ein Hölzchen weg, so daß 20 übrigbleiben.

56 Legen Sie 5 Hölzchen auf den Tisch, nehmen Sie 8 weg, so daß nichts übrigbleibt.

159 Wie kann man aus dreiviertel Dutzend 3 Dutzend machen?

123 Legen Sie zu der folgenden Gleichung 1 Streichholz dazu, daß sie stimmt. Es gibt 2 Lösungen.

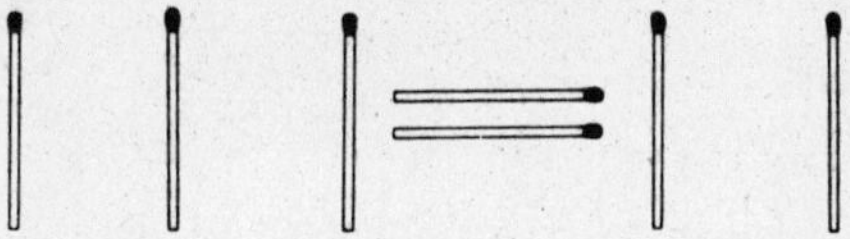

163 Hier ist wieder eine Gleichung, die nicht stimmt.

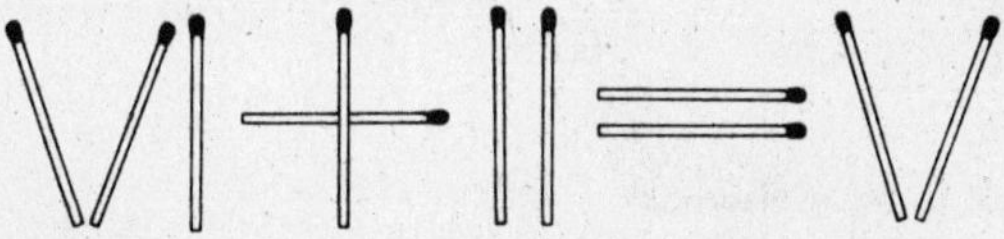

Das erreichen Sie durch Umlegen eines Hölzchens.

98

2 Hölzchen umlegen, daß es stimmt.

139 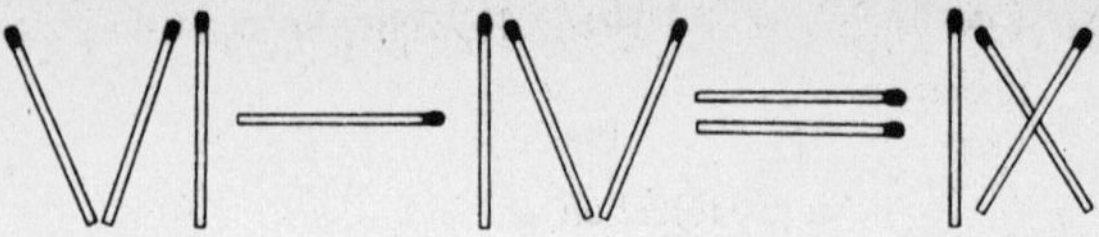

1 Streichholz umlegen. Es gibt 2 Lösungen.

104 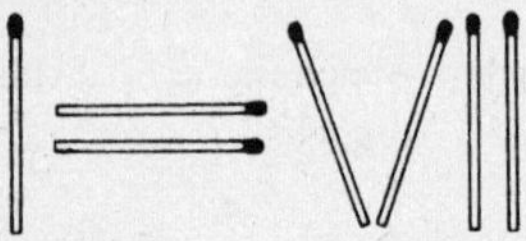

1 Hölzchen umlegen.

101 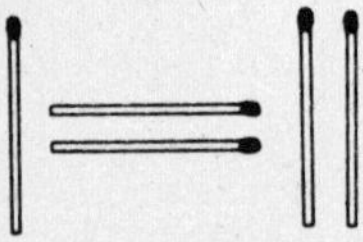

1 Hölzchen umlegen.

89 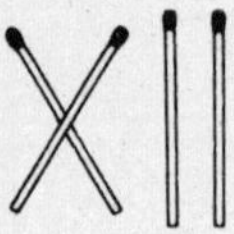

Beweisen Sie, daß die Hälfte von 12 = 7 ist.

Und hier ist der Intelligenztest, den der römische Feldherr Publius Quintilius Varus im Jahre 9 n. Chr. seinen Legionären vorlegen ließ, um Kohortenführer auszuwählen. Sie mußten die folgenden Zahlenreihen um jeweils eine Zahl fortsetzen. Dennoch ging die Schlacht im Teutoburger Wald für Varus verloren, und er beging Selbstmord.

155 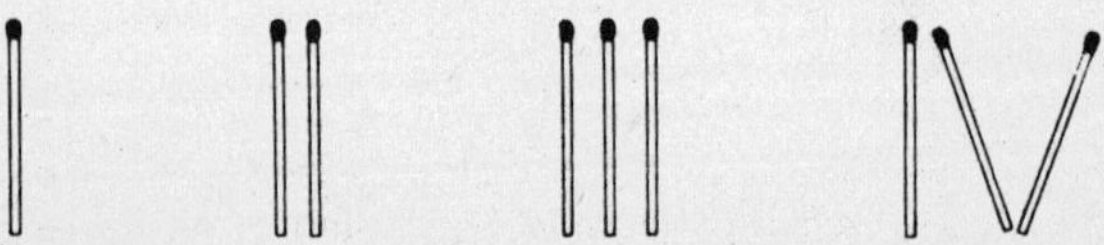

61

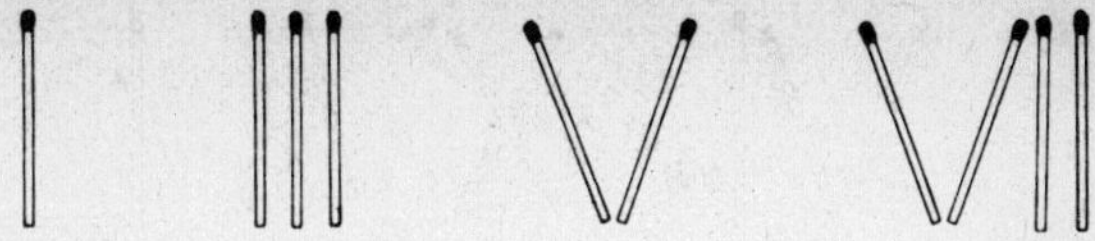

156

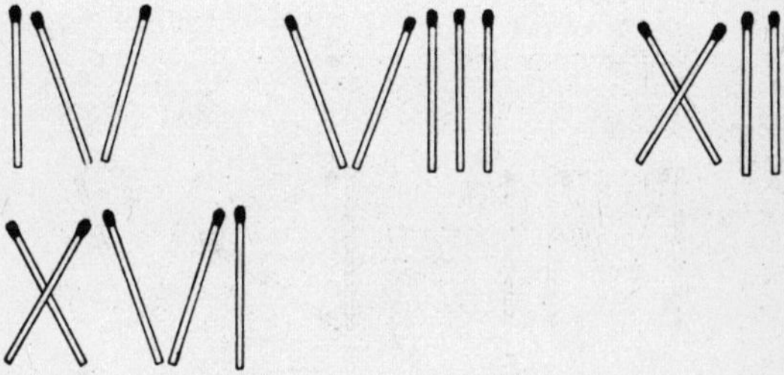

64

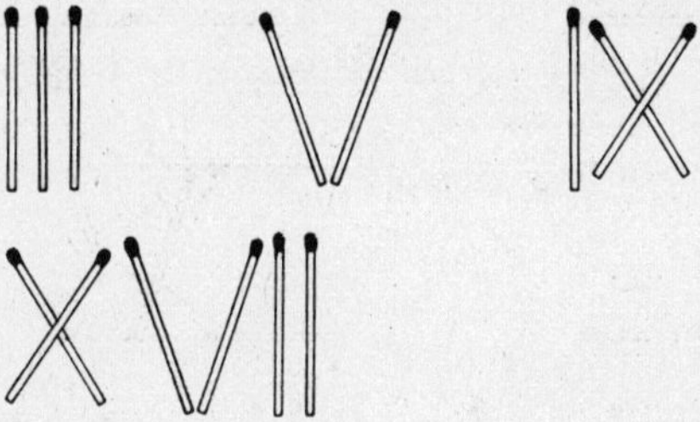

62

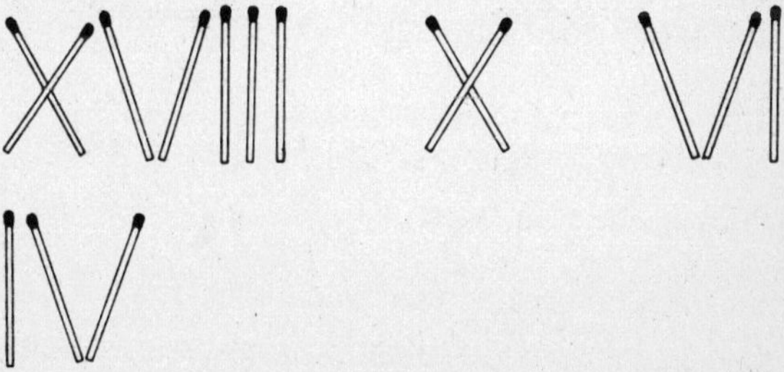

96

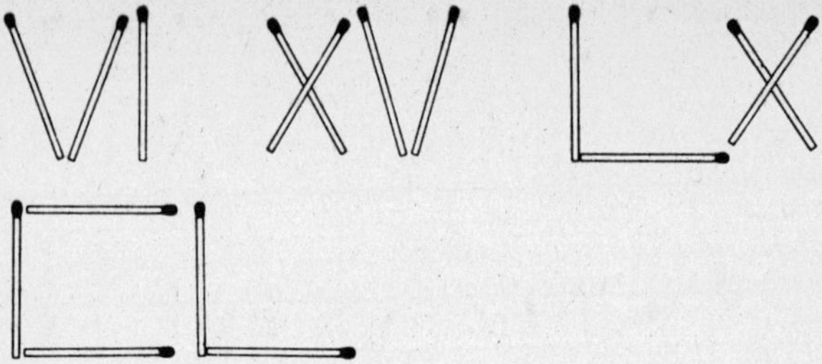

58

97

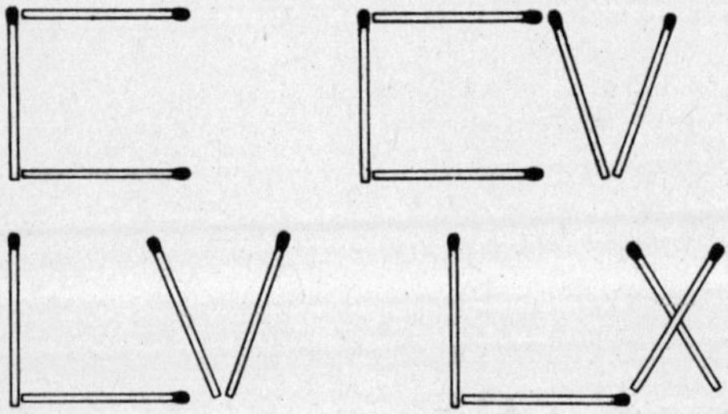

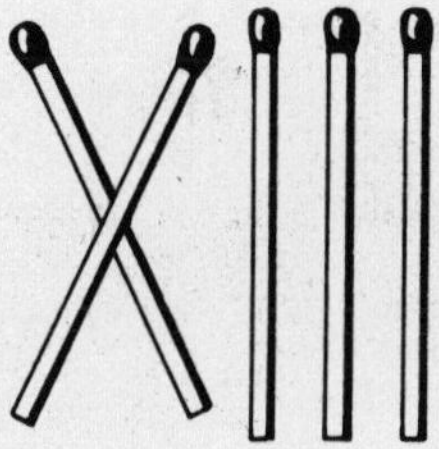

Schlußverkauf

Hereinspaziert, hereinspaziert! Hier ist großer Schlußverkauf! Das Lager wird geräumt! Greifen Sie zu, solange der Vorrat noch reicht! Sie werden es nicht bereuen!

118 Auf einer Schaufel liegt ein Geldstück.

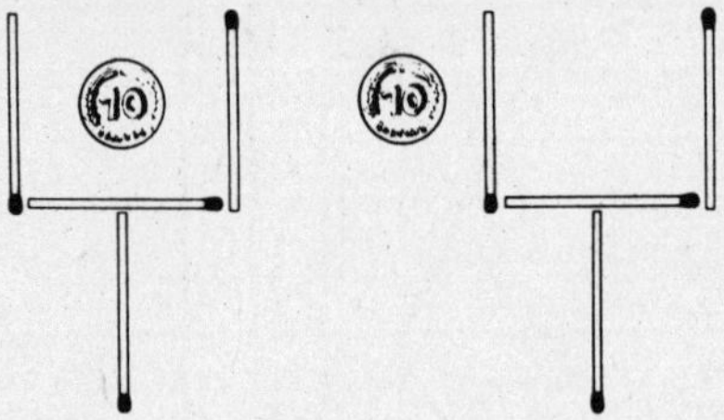

2 Hölzchen sind umzulegen, so daß das Geldstück außerhalb der Schaufel liegt. Das Geld und die anderen beiden Hölzchen dürfen nicht bewegt werden.

126 Hier sind 2 gleichseitige Dreiecke.

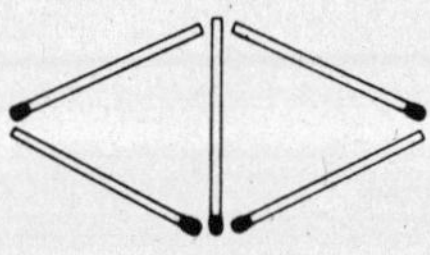

3 Streichhölzer wegnehmen, 2 wieder dazugeben, so daß wieder 2 gleichseitige Dreiecke entstehen.

115 Aus 10 Hölzchen sind 4 Deltoide zu bilden, die einen vierzackigen Stern darstellen. Kein Hölzchen darf geknickt werden.

151 Aus 6 Streichhölzern sind 2 Deltoide zu legen, die keine Seite gemeinsam haben. Wieder darf nichts geknickt werden.

129 Aus 4 Hölzchen legen wir eine Insel und aus 12 Hölzchen einen Teich. Die Insel ist vom äußeren Ufer so weit entfernt, daß das Wasser mit *einem* Streichholz gerade nicht mehr überbrückt werden kann.

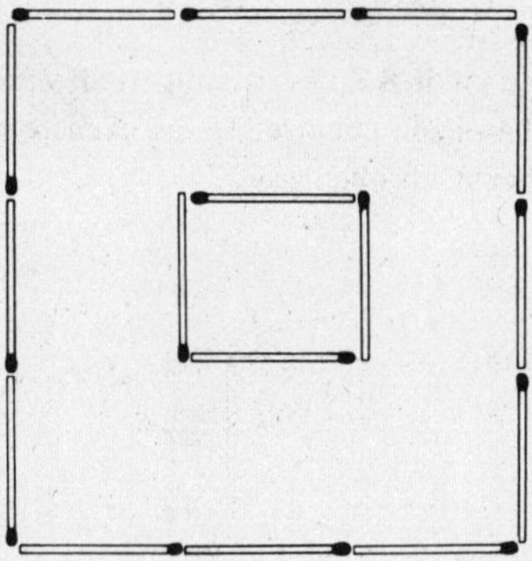

Wie kann man aber mit *2* Hölzchen eine stabile Brücke bauen?

168 Wer kann 6 Streichhölzer so auf den Tisch legen, daß jedes Hölzchen jedes andere berührt?

153 Aus 8 Streichhölzern wird eine Reihe gebildet. Die ersten 4 Hölzchen haben den Kopf oben, die zweiten 4 haben den Kopf unten.

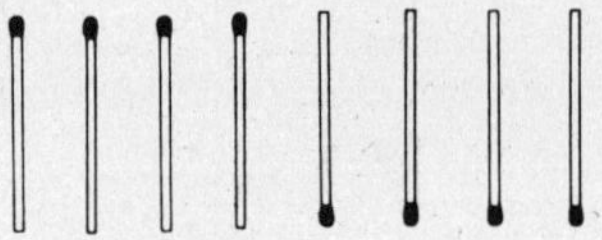

Diese Reihe soll in 4 Zügen so umgestellt werden, daß jeweils ein Köpfchen nach oben zeigt, das nächste nach unten, das dritte wieder nach oben usw.

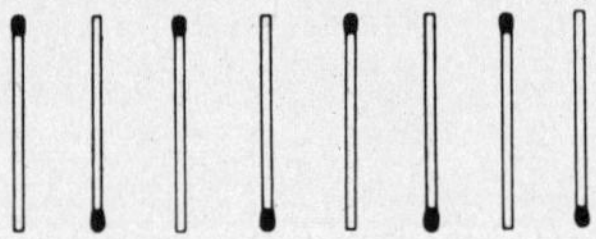

Es werden dabei stets 2 nebeneinanderliegende Hölzchen in einem Zug an eine andere Stelle gelegt. Aber keines der Hölzchen darf umgedreht werden.

33 Wie kann man mit einem Streichholz ein Kreuz machen, ohne es zu knicken oder zu zerbrechen?

102 Wie kann man mit Hilfe eines Hölzchens ein Geldstück in eine Milchflasche zaubern, ohne das Hölzchen oder das Geldstück dabei zu berühren?

82 Wie kann man einen ganzen Haufen Streichhölzer mit nur einem weiteren Hölzchen hochheben?

50 Aus 4 Hölzchen wird auf dem Tischtuch ein Geldschrank gebaut. In den Safe kommt ein Geldstück.

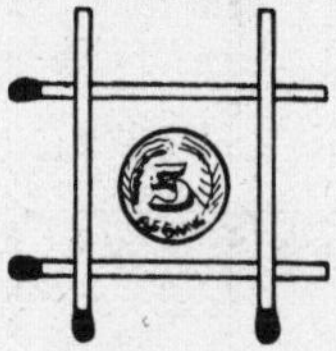

Wie kann man das Geld aus dem Geldschrank herauskriegen, ohne Geld und Safe zu berühren?

63 Wer kann mit 2 Streichhölzern ein Quadrat bilden, ohne die Hölzchen zu knicken oder zu zerbrechen? Und wer kann unter den gleichen Bedingungen mit einem Hölzchen ein Dreieck legen?

154 Wer kann 3 Streichhölzer ohne Hilfsmittel so auf den Tisch legen, daß keines mit dem Kopf den Tisch berührt? Und wer bringt das gleiche Kunststück fertig mit 4 oder mit 6 Hölzchen?

135 Wer kann auf einem Streichholz 13 andere balancieren? Hierbei handelt es sich nicht mehr um einen Trick, wie auf Seite 94, sondern um ein echtes physikalisches Wunder.

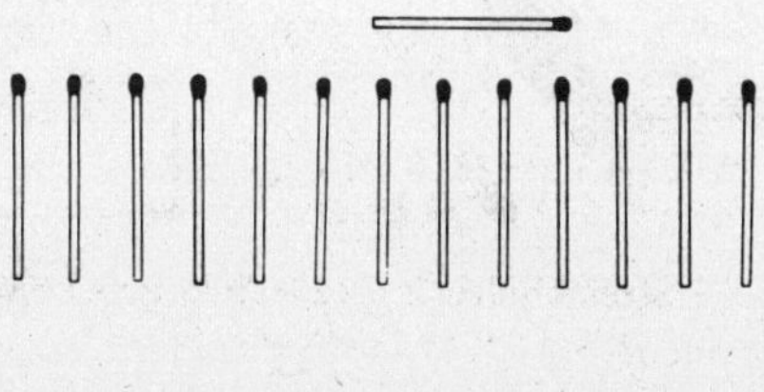

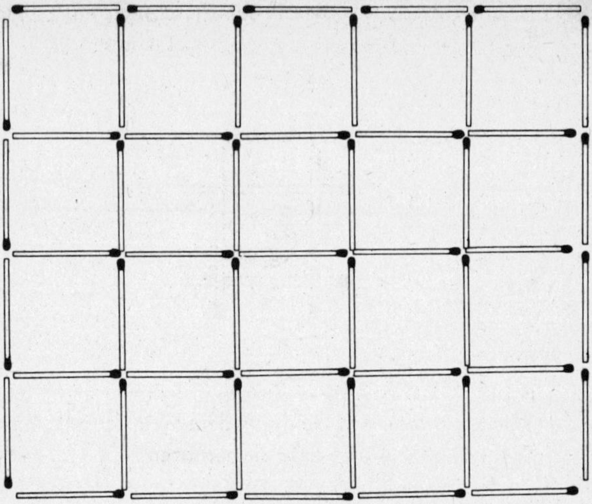

68 Dieser Figur sind 12 Hölzchen zu entnehmen, so daß 2 gleich große Quadrate und 6 gleich große Sechsecke entstehen.

85 Entnimmt man derselben Figur 16 Streichhölzer, so ergeben sich 1 Quadrat und 4 gleich große Sechsecke.

53 Die Brücke

2 Streichholzschachteln werden so auf den Tisch gelegt, daß sie etwas weiter als eine Hölzchenlänge voneinander entfernt sind.

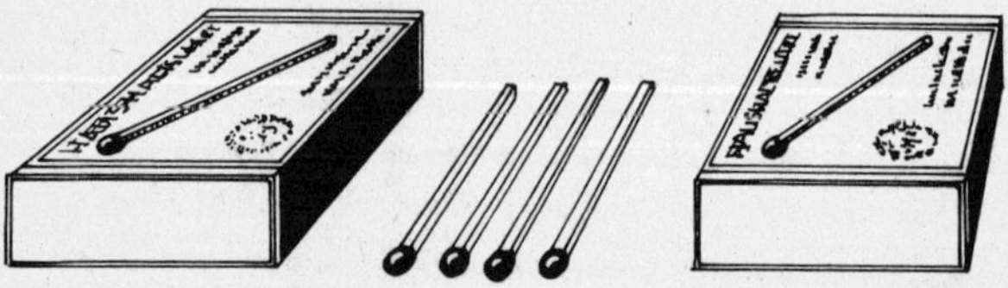

Kann man mit 4 Streichhölzern eine stabile Brücke von Schachtel zu Schachtel bauen?

Wir haben 12 Streichhölzer zur Verfügung und stellen uns vor, jedes wäre genau einen Meter lang. Bei den folgenden Aufgaben sind immer alle 12 Hölzchen zu verwenden.

49 Wie kann man damit 9 m^2 umzäunen?

59 Und wie 8, 7, 6 und 5 m^2?

169 Kann man damit 6 m^2 so umzäunen, daß der Zaun ein Dreieck bildet?

70 Und kann man diese dreieckige Form so verändern, daß 5 und dann 4 m^2 umstellt werden?

39 Wie kann man schließlich 3 m^2 damit umgeben?

71 Hier ist ein Problem, an dem sich schon viele große Mathematiker versucht haben:
Zunächst werden 10 Streichhölzer ausgelegt.

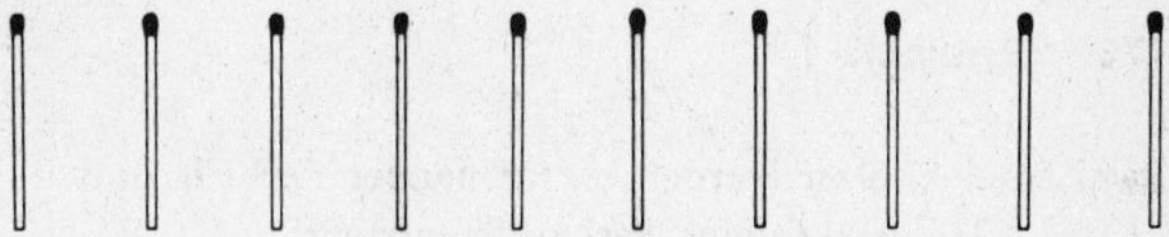

Daraus sind Zug um Zug 5 Kreuze zu bilden.

Dabei sind bestimmte Regeln zu befolgen. Mit jeweils einem Hölzchen dürfen nicht mehr und nicht weniger als 2 andere übersprungen werden. Ein bereits gelegtes Kreuz gilt dabei als 2 Hölzchen. Gibt es mehrere Lösungen?

99 Pi

Die berühmte Zahl Pi (π = 3,14159265 ...) gibt an, wievielmal größer der Umfang eines Kreises ist als sein Durchmesser oder sein

Inhalt größer als das Quadrat über seinem Radius. Der genaue Wert läßt sich nicht durch einen echten Bruch, bei dem im Nenner und im Zähler ganze Zahlen stehen, ausdrücken. Es gibt aber eine ganze Reihe ziemlich einfacher Brüche, die diesem Wert erstaunlich nahekommen. Für das folgende Problem genügt uns als Näherungswert 3,14.
Nachdem Sie das wissen, können Sie die Aufgabe leicht lösen.

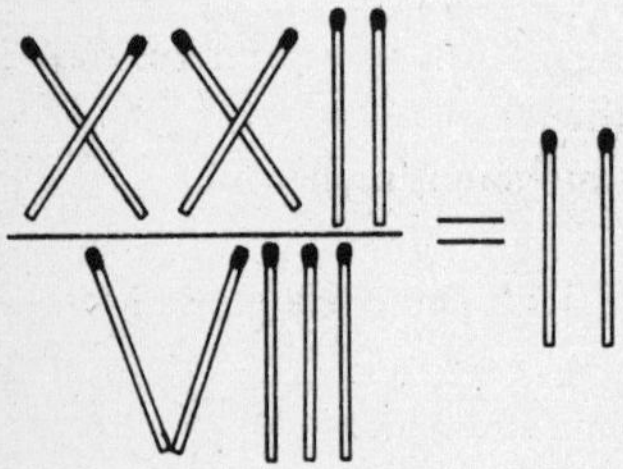

Ein Hölzchen umlegen, und die Gleichung stimmt.

172 Pyramide

Zwei Streichhölzer werden so ineinander verkeilt und durch ein drittes gestützt, daß eine Pyramide entsteht.

Wer kann sie mit einem vierten Hölzchen hochheben?

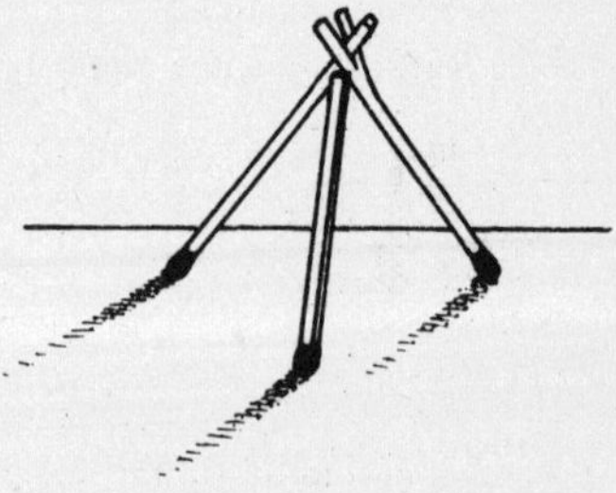

Knobelei

Jetzt wird der letzte Restposten des Schlußverkaufes ausgeknobelt. Jeder Mitspieler erhält 3 Hölzchen und nimmt — ohne daß es die anderen sehen — 0 bis 3 in die geschlossene Hand. Dann legt jeder seine Faust auf den Tisch. Reihum wird geraten, wie viele Hölzchen insgesamt in allen Fäusten auf dem Tisch liegen. Wer es genau errät, darf ausscheiden. Wer zum Schluß übrigbleibt, hat verloren und bezahlt eine Runde.

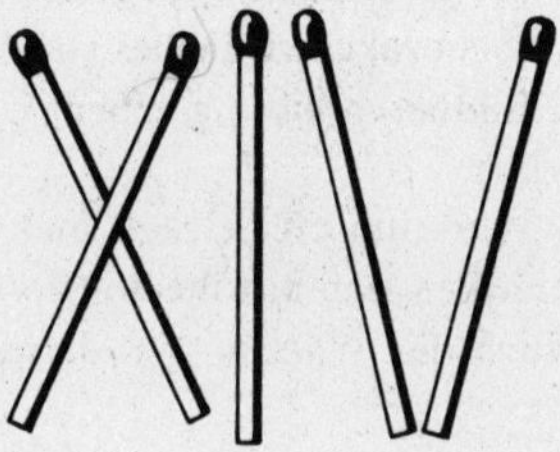

Das Schafgarbenorakel

Zu den bedeutendsten Schriften der Weltliteratur gehört das chinesische »Buch der Wandlungen«. Es enthält die in 3000 Jahren gesammelte Spruchweisheit Chinas, aus der ein Nachdenklicher unerschöpflichen Ratschlag ziehen kann. Die Ratschläge beziehen sich auf alle Gebiete der Natur- und Staatswissenschaften, der Lebenskunde und des religiösen Denkens, und sie sind zugleich die gemeinsame Wurzel der Lehren des Kungfutse und des Laotse.
Durch das Schafgarbenorakel wird eines von 64 Bildzeichen ausgewählt und in einer Bildbeschreibung, einem Urteil und zahlreichen Kommentaren erklärt.
Orakel wurden im Altertum oft befragt, und die ursprünglichsten unter ihnen beschränken sich auf die Antworten Ja oder Nein. So liegt auch beim Buch der Wandlungen diese Orakelentscheidung zugrunde.
Das »Ja« wird durch einen ganzen Strich dargestellt.

Diese Linie, die wir hier durch 2 Streichhölzer andeuten, hat die Bezeichnung »Yang«, und seine Urbedeutung ist: das Leuchtende, das Helle.

Das »Nein« wird durch einen gebrochenen Strich dargestellt.

Er hat die Bezeichnung »Yin« und bedeutet: das Wolkige, das Trübe.
Diese beiden Gegensätze symbolisieren die Zweiheit in der Welt, das Oben und Unten, das Links und Rechts, das Vorne und Hinten, Mann und Frau, Himmel und Erde usw.

Schon sehr früh hatte man jedoch das Bedürfnis zu einer größeren Differenzierung und kombinierte jeweils 2 Strichelemente. Daraus ergaben sich 4 (2 hoch 2) Möglichkeiten.

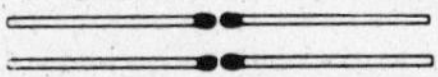

Yang und Yang

Yang und Yin

Yin und Yang

Yin und Yin

Dann fügte man noch ein drittes Strichelement dazu und erhielt 8 (2 hoch 3) Kombinationen. Diese 8 Bildzeichen wurden als Bilder dessen, was im Himmel und auf Erden vorging, aufgefaßt. Man stellte sich vor, ständig ginge ein Zeichen in das andere über, ebenso wie in der Welt ein dauernder Übergang von einer Erscheinung in die andere stattfindet. Das ist auch der entscheidende Grundgedanke der Wandlung: Nicht auf die Dinge in ihrem Sein kommt es an, sondern auf die Bewegung der Dinge in ihrem Wechsel. So sind die 8 Bildzeichen nicht nur Abbildungen der Dinge selbst, sondern auch Abbildungen ihrer Bewegungstendenzen.
Diese 8 Zeichen stellen gewisse Bilder und Vorgänge in der Natur dar. Außerdem kann man sie deuten nach ihrer Eigenschaft oder nach ihrer Stellung in einem abstrakten Familienzusammenhang, wobei nicht Personen, sondern deren Funktionen gemeint sind.

Die 8 Bildzeichen aus dem Buch der Wandlungen:

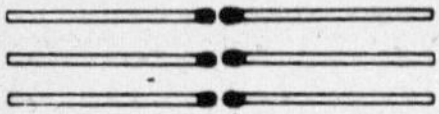

Der Himmel, das Schöpferische, der Vater, der Sommer.

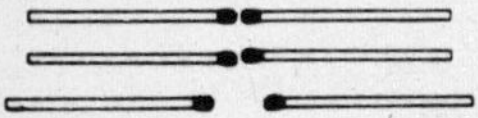

Der Wind, das Holz, das Sanfte, das Eindringen, die älteste Tochter.

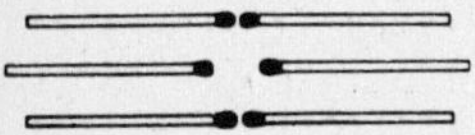

Das Feuer, die Sonne, der Blitz, das Haftende, die mittlere Tochter, der Frühling.

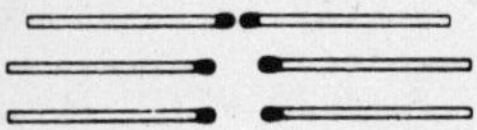

Der Berg, das Innehalten, das Stillhalten, der jüngste Sohn.

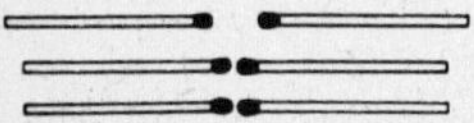

Der See, die Freude, das Heitere, die jüngste Tochter.

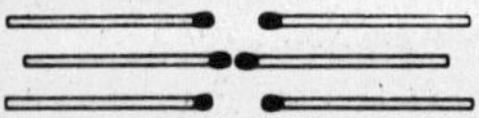

Das Wasser, die Wolken, das Abgründige, die Gefahr, der mittlere Sohn, der Herbst.

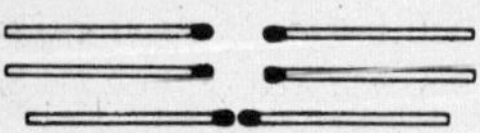

Der Donner, die Bewegung, das Erregende, der älteste Sohn.

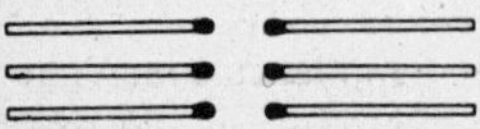

Die Erde, das Empfangende, die Hingebung, die Mutter, der Winter.

Um eine noch größere Mannigfaltigkeit zu gewinnen, kombinierte man auch diese 8 Bilder miteinander und erhielt so 64 (8 hoch 2) Zeichen. Jedes dieser Zeichen besteht also aus je 6 Strichelementen. Da jeder Strich entweder Yang oder Yin sein kann, sind alle 64 Kombinationsmöglichkeiten (2 hoch 6) damit zu bilden. .
Jedes dieser Strichelemente kann nun zum Zeitpunkt der Orakelbefragung ruhen, oder es kann in Bewegung sein, mit der Tendenz, sich in das andere Strichelement zu verwandeln. Demzufolge unterscheidet man

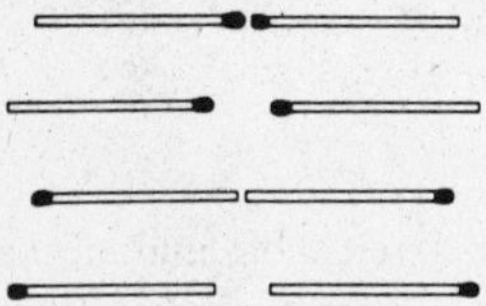

das ruhende (junge) Yang,
das ruhende (junge) Yin,
das sich bewegende (alte) Yang und
das sich bewegende (alte) Yin.

Die ruhenden Elemente sind hier mit den Streichholzköpfchen innen, die sich bewegenden mit den Köpfchen nach außen dargestellt.

Wenn das ausgewählte Orakelzeichen aus 6 ruhenden Strichelementen besteht, so kommt für das Urteil nur die Gesamtidee des Zeichens in Betracht. Finden sich darin aber ein oder mehrere sich bewegende Strichelemente, so gibt das Orakel zusätzliche Hinweise. Außerdem entsteht durch die Bewegung der Striche eine Wandlung des Zeichens zu einem neuen Zeichen, das dann sinngemäß ebenfalls in Betracht zu ziehen ist.
Damit wäre also das Wesentliche erklärt zum Aufbau der 64 Zeichen und zu der Vorgehensweise für deren Deutung. Nun wollen wir uns mit dem geheimnisvollen Verfahren beschäftigen, durch das eines dieser 64 Zeichen ausgewählt wird.

Man befragt das Orakel normalerweise mit Hilfe von Schafgarbenstengeln. Die Schafgarbe gilt im östlichen Kulturkreis als heilige Pflanze, und das Teilen und Zählen ihrer Stengel gibt nach der Überlieferung dem Unbewußten im Menschen die Möglichkeit, sich zu äußern.

Wahrscheinlich haben Sie keine Schafgarbenstengel zur Verfügung, doch das macht nichts. Sie können statt dessen auch Streichhölzer benutzen, um eines der 64 Zeichen zu bestimmen und um sich in die nötige Erwartungsspannung zu versetzen, die zu dessen Deutung nötig ist.

1. Nehmen Sie 49 Hölzchen zur Hand.
2. Teilen Sie diese in 2 Häufchen.
3. Nehmen Sie vom Häufchen rechts ein Streichholz und stecken Sie es zwischen Ringfinger und kleinen Finger der linken Hand.
4. Nehmen Sie den linken Haufen in die linke Hand und entfernen Sie davon mit der rechten Hand Bündel von je 4 Hölzchen, bis 4 oder weniger übrigbleiben.
5. Stecken Sie diesen Rest zwischen Ring- und Mittelfinger der linken Hand.
6. Nun nehmen Sie das rechte Häufchen, entfernen wieder Bündel von je 4 Hölzchen, bis 4 oder weniger übrigbleiben.
7. Diesen Rest stecken Sie zwischen Mittel- und Zeigefinger der linken Hand.
8. Die Summe der zwischen den Fingern der linken Hand befindlichen Streichhölzer ist nun entweder 9 oder 5 (die verschiedenen Möglichkeiten sind 1 + 4 + 4 oder 1 + 3 + 1 oder 1 + 2 + 2 oder 1 + 1 + 3).
9. Diese 9 oder 5 Hölzchen werden beiseite gelegt.
10. Nun werden alle Streichhölzer, die in den Punkten 4. und 6. weggelegt wurden, wieder zu einem Haufen vereinigt.
11. Dieser Haufen wird wieder in 2 Häufchen geteilt.
12. Mit diesen beiden Häufchen wird genauso verfahren, wie in den Punkten 3. bis 7. beschrieben wurde.

13. Diesmal beträgt die Summe der zwischen den Fingern der linken Hand befindlichen Streichhölzer entweder 8 oder 4 (die Möglichkeiten sind diesmal 1 + 4 + 3 oder 1 + 3 + 4 oder 1 + 1 + 2 oder 1 + 2 + 1).
14. Diese 8 oder 4 Hölzchen werden ebenfalls beiseite gelegt.
15. Die in den Punkten 4. und 6. weggelegten Streichhölzer werden wieder zu einem Haufen vereinigt.
16. Dieser Haufen wird wieder in 2 Häufchen geteilt.
17. Mit diesen beiden Häufchen wird wieder so verfahren, wie in den Punkten 3. bis 7. beschrieben wurde.
18. Auch diesmal beträgt die Summe in der linken Hand 8 oder 4.
19. Auch diese 8 oder 4 Hölzchen werden beiseite gelegt.
20. Zählen Sie die Streichhölzer, die Sie in den Punkten 9. und 14. und 19. beiseite gelegt haben. Als Summe ergibt sich 13 oder 17 oder 21 oder 25.

21. 13 bedeutet altes Yang

17 bedeutet junges Yin
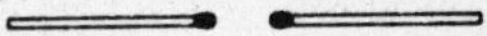

21 bedeutet junges Yang

25 bedeutet altes Yin

Jetzt haben Sie also erst *ein* Strichelement bestimmt, und zwar das unterste von jenen 6, die das gesamte Orakelzeichen ausmachen. Das ganze Verfahren von Punkt 1. bis Punkt 21. ist dann noch fünfmal durchzuspielen, um das zweite, dritte, vierte, fünfte und sechste Strichelement (von unten) zu gewinnen.

Wenn Sie auf diese Weise ein Orakelzeichen aufgebaut haben, brauchen Sie allerdings zu dessen Deutung ein Orakelbuch. Am besten ist es, chinesische Quellen zu verwenden. Wenn Sie nicht Chinesisch können, dann benützen Sie die deutsche Übertragung von Richard Wilhelms im Eugen Diederichs Verlag »I Ging — Das Buch der Wandlungen«.

Dort finden Sie dann zum Beispiel zu diesem Zeichen folgende Hinweise (die zahlreichen Kommentare haben wir hier nicht aufgeführt):

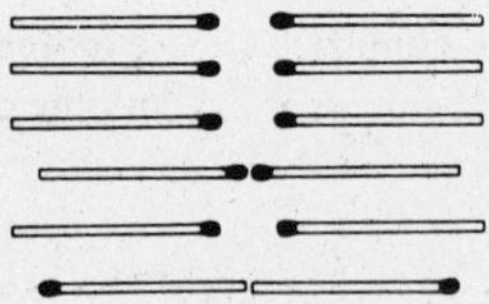

Das Bild: Oben die Erde, unten das Licht: Das Bild der Verfinsterung des Lichts. So lebt der Edle mit der großen Menge: Er verhüllt seinen Schein und bleibt doch hell.

Das Urteil: Die Verfinsterung des Lichts. Fördernd ist es, in der Not beharrlich zu sein ...

Anfangs altes Yang: Verfinsterung des Lichts im Fluge. Er senkt seine Flügel. Der Edle auf seiner Wanderschaft ißt drei Tage nichts. Aber er hat, wohin er geht. Der Wirt hat über ihn zu reden ...

Sie können zur Auslegung des Orakels aber auch das Heyne-Taschenspiel »ORAKEL« heranziehen. Dort sind die Bilder und Urteilssprüche in einer dem westlichen Denken entsprechenden Form dargestellt. Jedes »Yang« des Schafgarbenorakels entspricht dann einem »links« und jedes »Yin« einem »rechts« des Würfels.

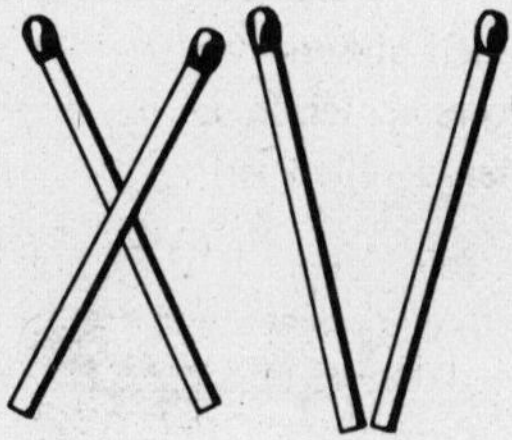

Die Lösungen

1 Trixor hat in der rechten Westentasche gut eingeklemmt eine Streichholzschachtel. Dahinter stecken griffbereit einige Hölzchen. Will er auf magische Weise Feuer geben, so nimmt er mit Daumen und Zeigefinger ein Streichholz, setzt dieses mit dem Köpfchen auf die nach oben gekehrte Reibfläche und streicht es mit einem kurzen, scharfen Ruck nach hinten. Dann zieht er es sofort aus der Tasche, und es entzündet sich auf dem Weg nach außen.

Hinter dem Revers seiner Jacke hat er ein einfaches Hilfsmittel, das leicht herzustellen ist.

Zwei Reibflächen einer Streichholzschachtel werden ausgeschnitten und mit einem Heftapparat zusammengeheftet. Die Reibflächen liegen innen, und dazwischen stecken 4 Hölzchen mit besonders gut getauchten Köpfen. Alles das wird mit zwei Büroklammern und einer Sicherheitsnadel hinter dem Revers befestigt. Um Feuer zu holen, greift Trixor nach einem Hölzchen und reißt es kräftig nach vorn.

Auf der Bühne benutzt Trixor einen kleinen Drahtring mit zwei federnden Stahlplättchen, auf deren Innenseiten Teile einer Reibfläche geklebt sind.

Dieses Hilfsmittel hält er zwischen den oberen Gliedern von Zeige- und Mittelfinger der einen Hand; das Hölzchen steckt bereits zwischen den Plättchen.

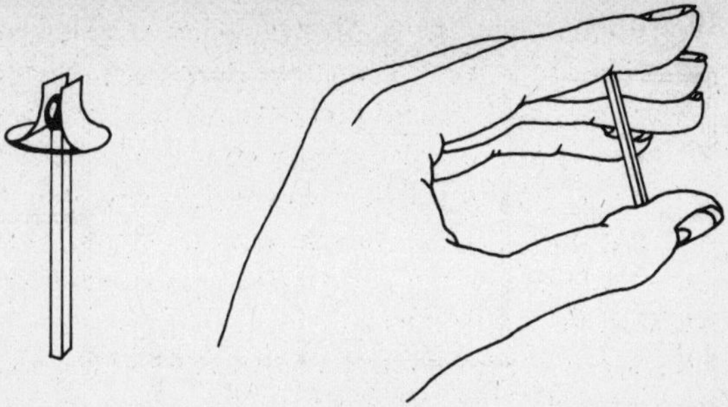

Die andere Hand wirft die Schachtel hoch, und beim Herabfallen geht die eine Hand in die Nähe der fallenden Schachtel. Der Daumen drückt das Streichholz durch die Stahlplättchen, und es kommt brennend zwischen den Fingern hervor. Dadurch entsteht der gewünschte Eindruck.

2 Zum Beispiel:

8 weg

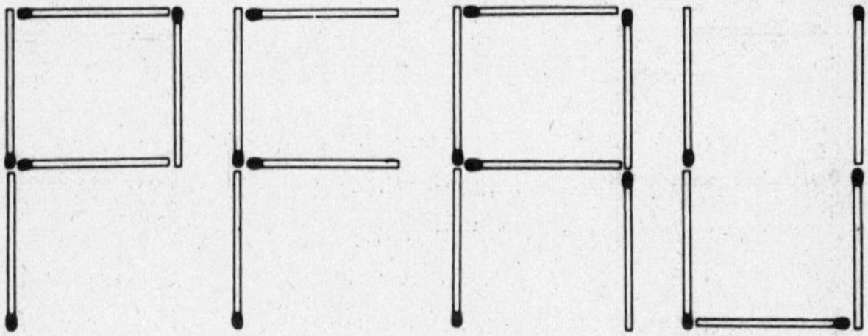

9 weg

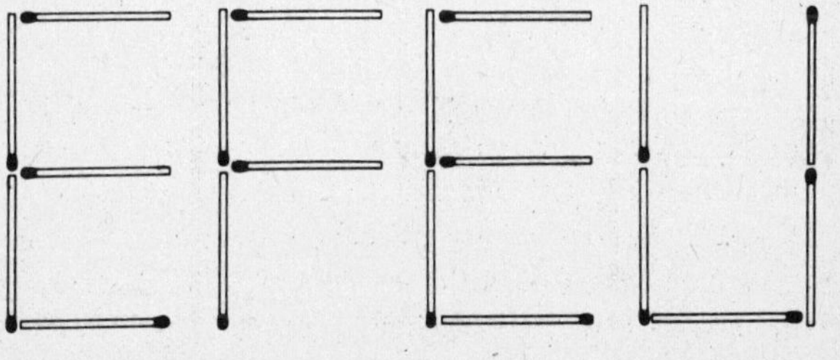

10 weg

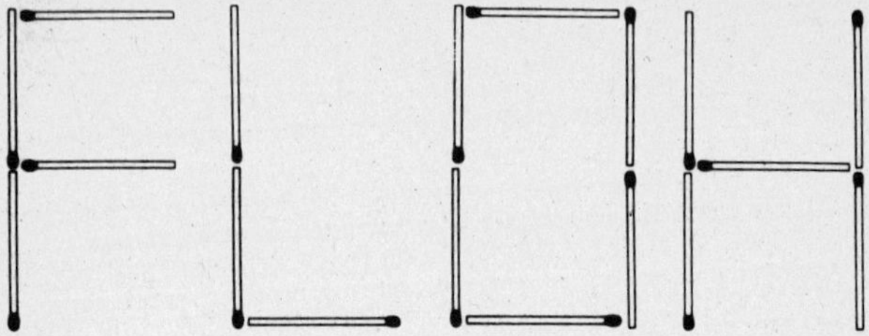

11 weg

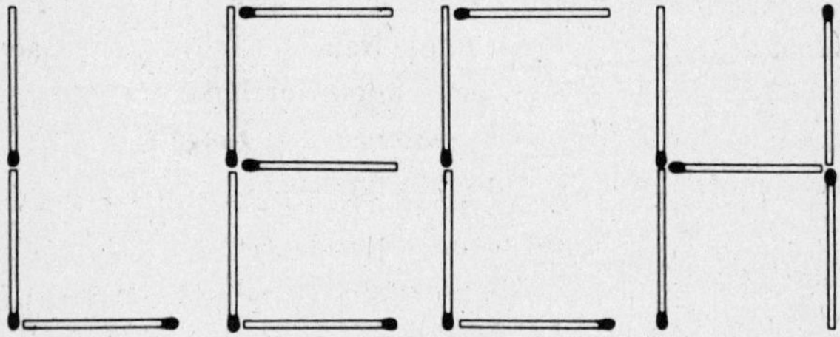

12 weg

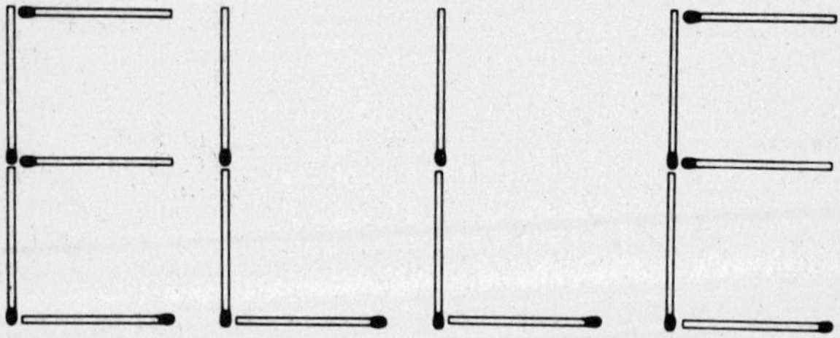

13 weg

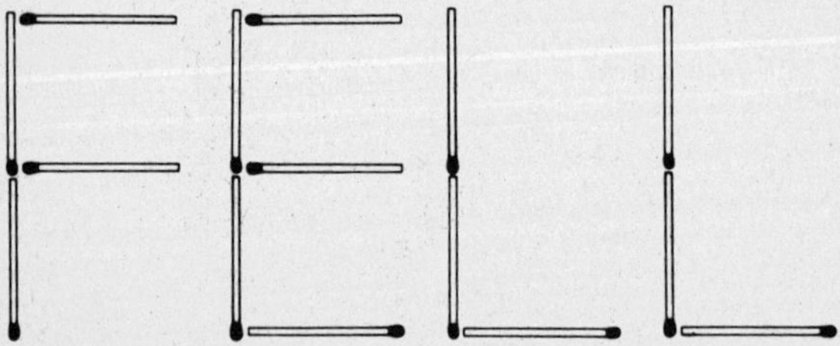

3 Richtig sind b) und c) und d) und e)

4

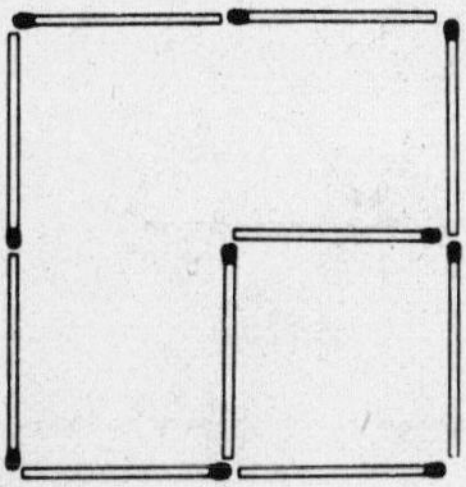

5

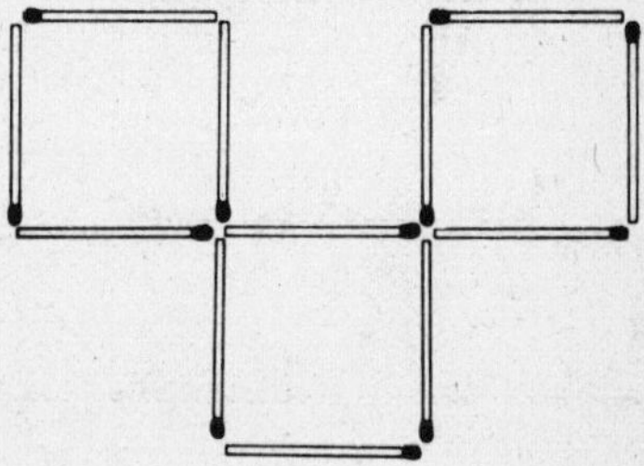

6 Man nimmt die Hülse zwischen die Lippen und senkt sie auf die Hölzchen. Tief Luft holen, und sie schweben wie angeklebt unter der Hülse. Durch das Atemholen wird ein luftverdünnter Raum geschaffen. Der Luftdruck preßt die Streichhölzer gegen die Öffnung. So können sie bis zur Lade befördert werden.

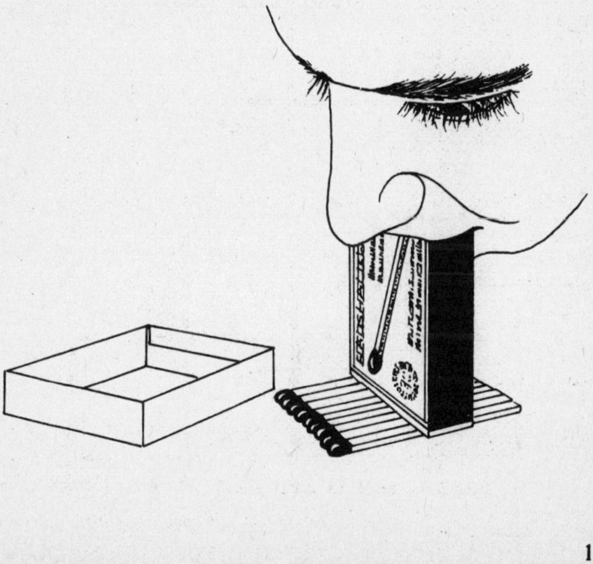

7

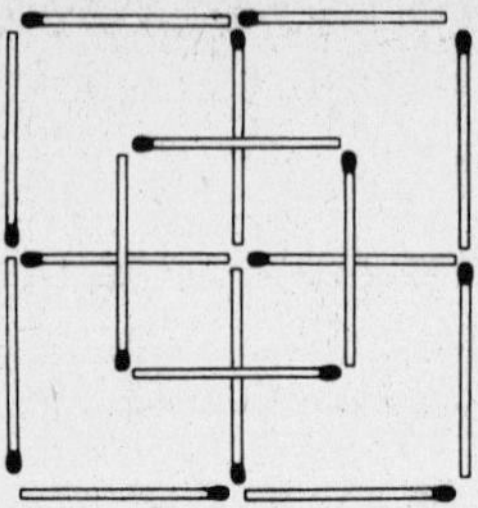

8

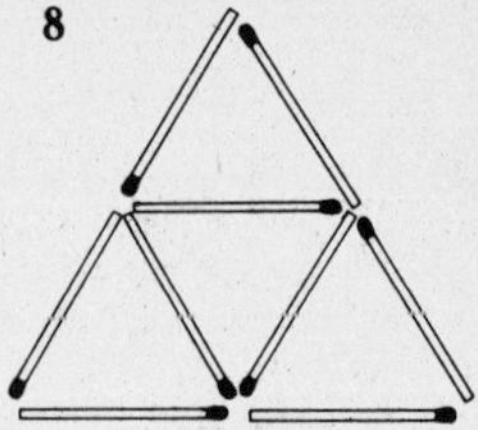

9

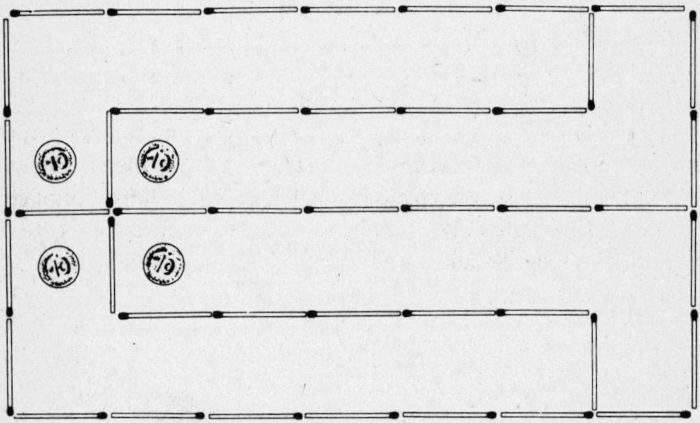

10

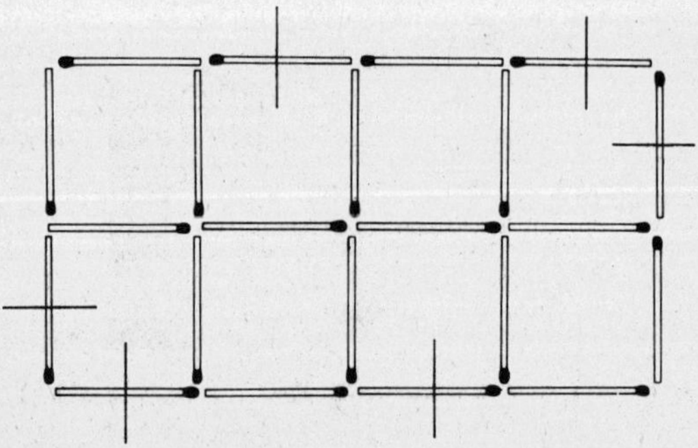

11 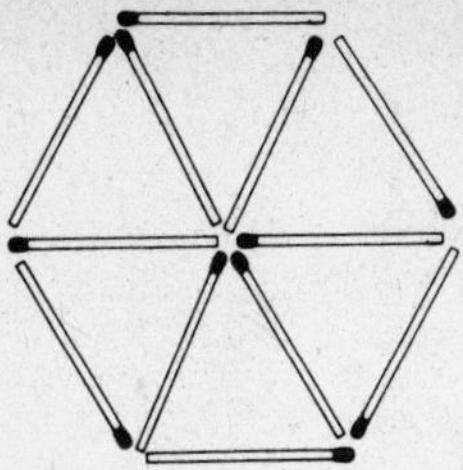

12 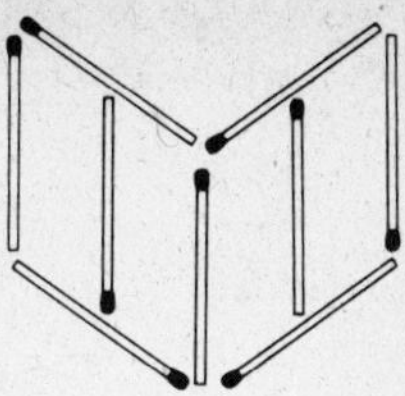

13 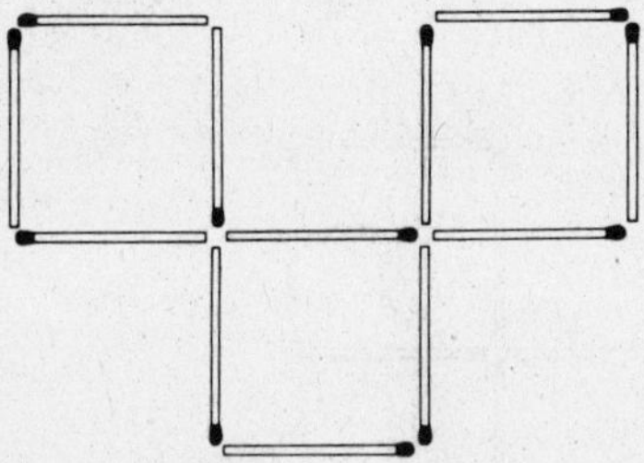

14 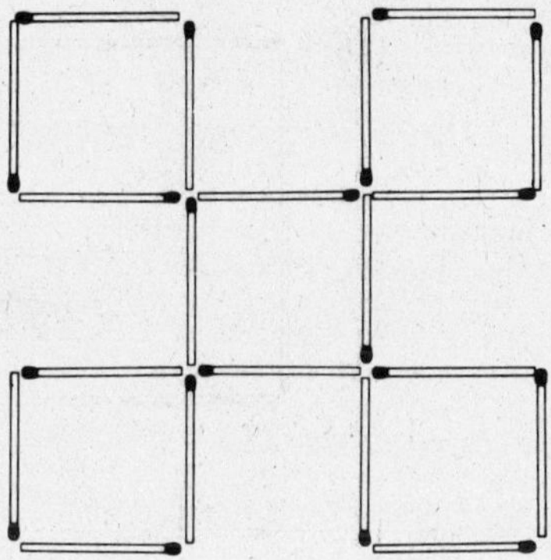

15 Man entzündet ein Streichholz an einer zweiten Schachtel. Mit dem Feuer nähert man sich vorsichtig den Köpfchen der beiden anderen Hölzchen, bis diese zugleich entflammen. Dadurch schmelzen sie zusammen. Nun pustet man die beiden brennenden Hölzchen aus, ergreift das Glas und trinkt daraus.

16

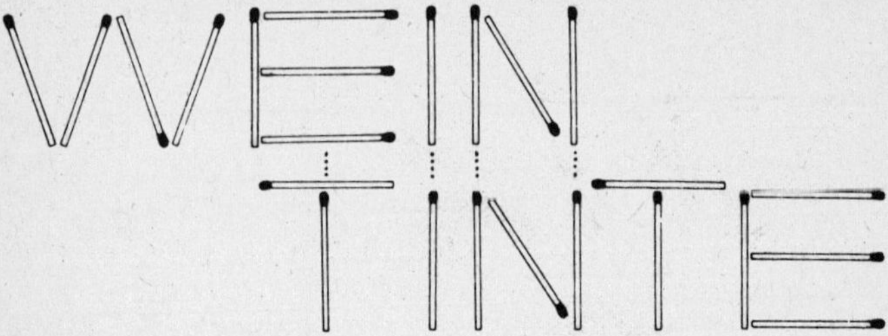

17

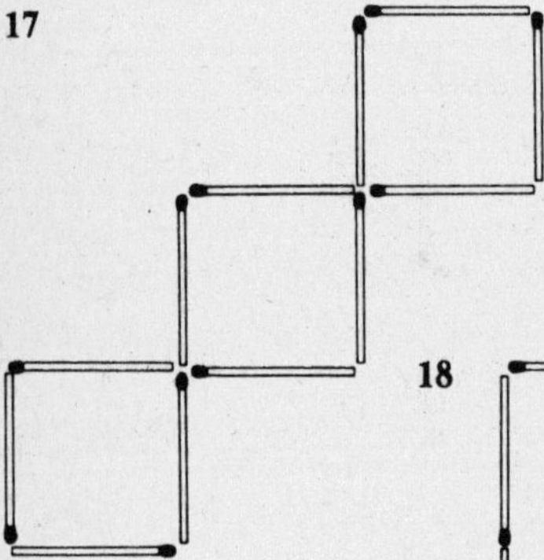

18

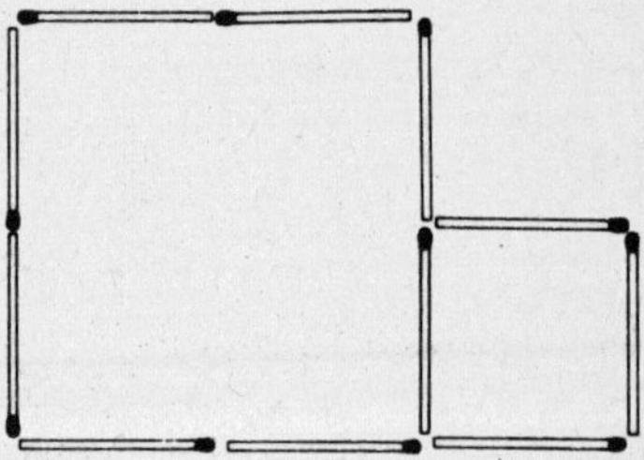

19

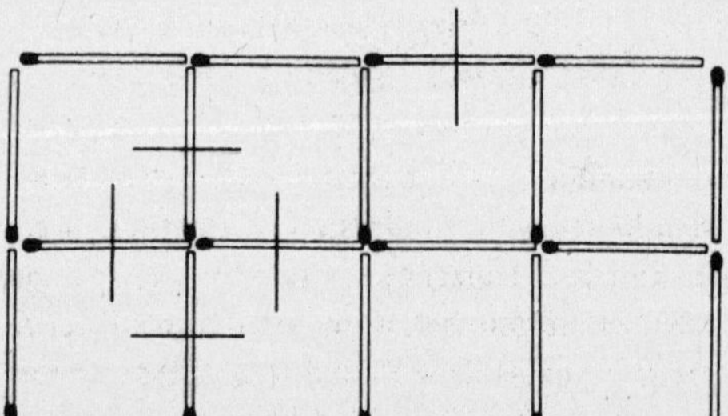

20

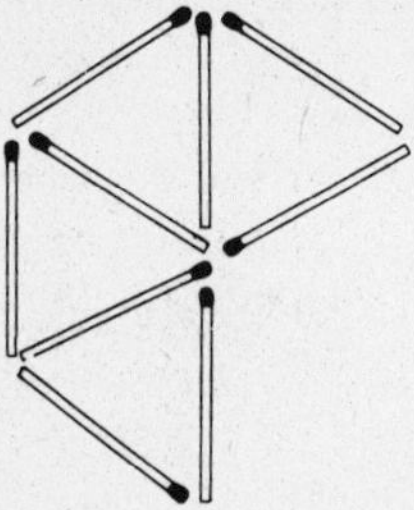

21

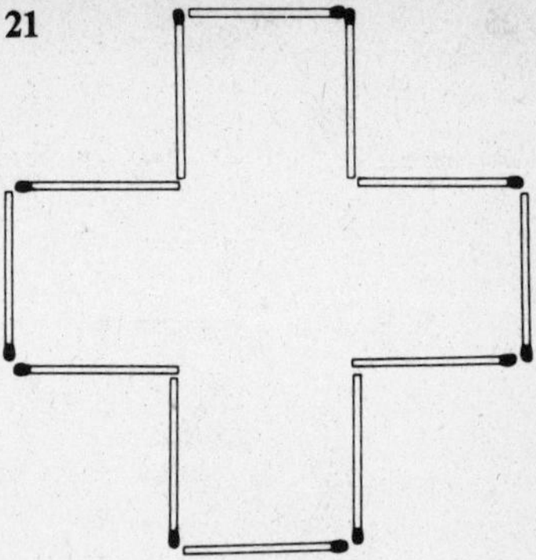

22

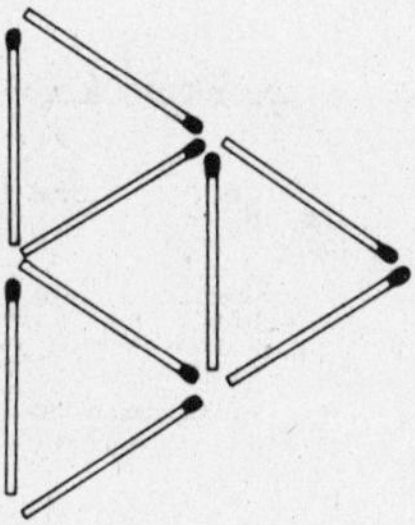

23

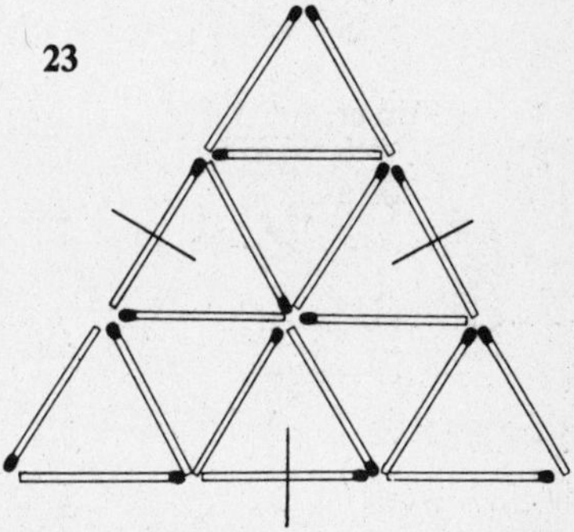

24 Die Schachtel enthält 17 Streichhölzer; auf ihrer Unterseite stehen die Worte »Du wirst 3 wählen« geschrieben, doch diese Schrift wird zunächst sorgfältig verborgen.

Bei der Vorführung werden der Schachtel 10 Hölzchen entnommen. Es sind dann nur noch 7 Hölzchen drinnen. Das aus 3 Streichhölzern bestehende Häufchen wird näher zum Zuschauer gelegt als das andere. Wird es gewählt, was meist der Fall ist, dreht der Magier die Schachtel um und zeigt die Schrift. Wird das andere Häufchen gewählt, sagt er: »Sehen Sie, ich wußte, daß Sie den Haufen mit den 7 Hölzchen wählen werden: 7 Hölzchen befinden sich auch in meiner Schachtel!« Dann wird die Schrift natürlich nicht hergezeigt. Vorsicht, dieser Trick darf nicht wiederholt werden.

25

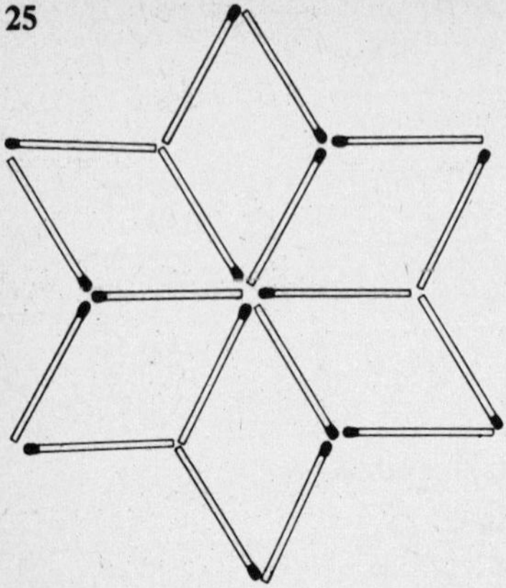

26

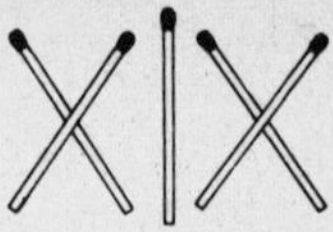

eins weg macht

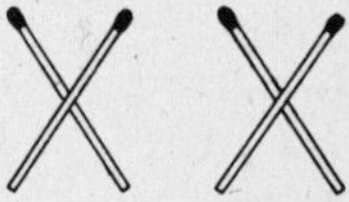

27 12 Einer + 6 Vierer + 2 Neuner = 20 Dreiecke.

28

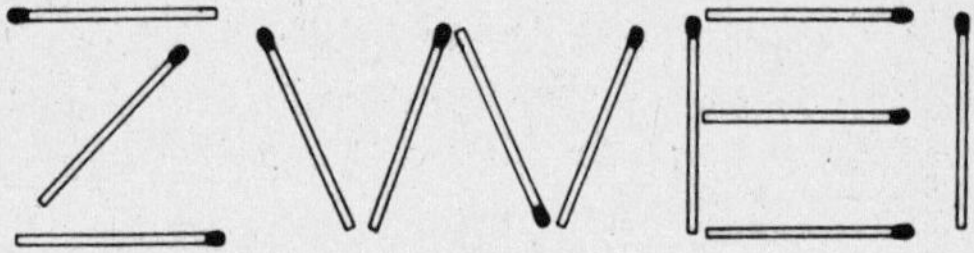

29

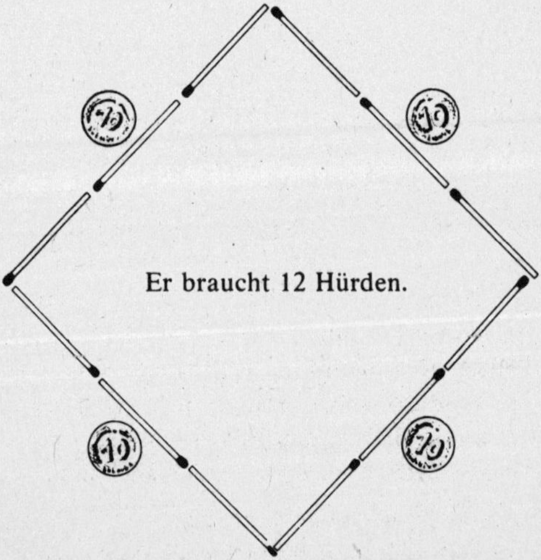

Er braucht 12 Hürden.

30

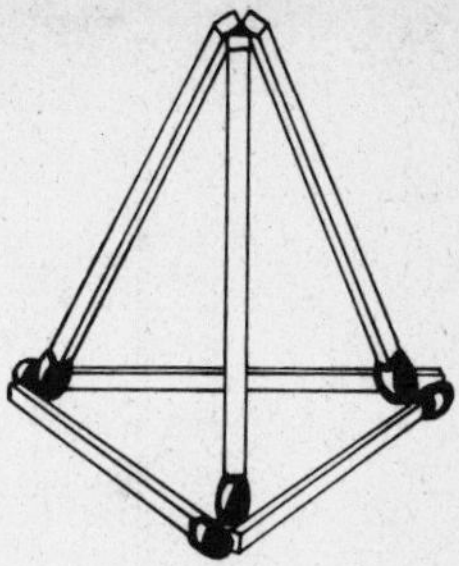

Die Lösung liegt in der 3. Dimension.

Mit 3 Hölzchen ein Dreieck legen, die anderen 3 bilden darüber eine Pyramide = 4 gleichseitige Dreiecke mit der Seitenlänge von jeweils 1 Streichholz.

31 Es gewinnt, wer das 6. Hölzchen nehmen kann. Nimmt dann der Gegenspieler von den restlichen 5 Streichhölzern 1, 2 oder 3 Hölzer, nimmt man selbst 3, 2 oder 1 weg.

32

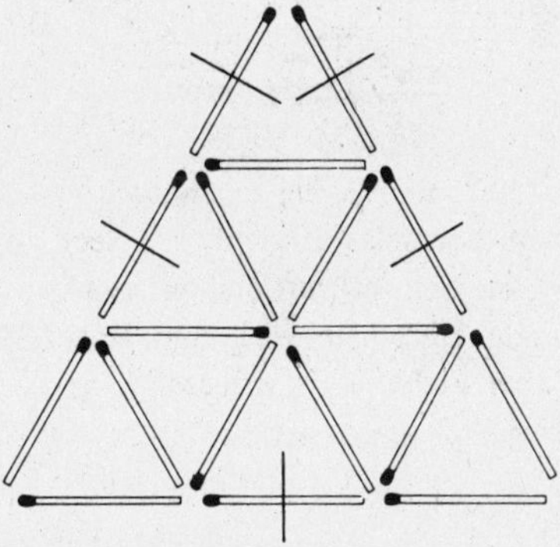

33 Ein Streichholz anzünden, brennen lassen, auspusten und mit dem verkohlten Hölzchen auf Papier ein Kreuz malen.

34

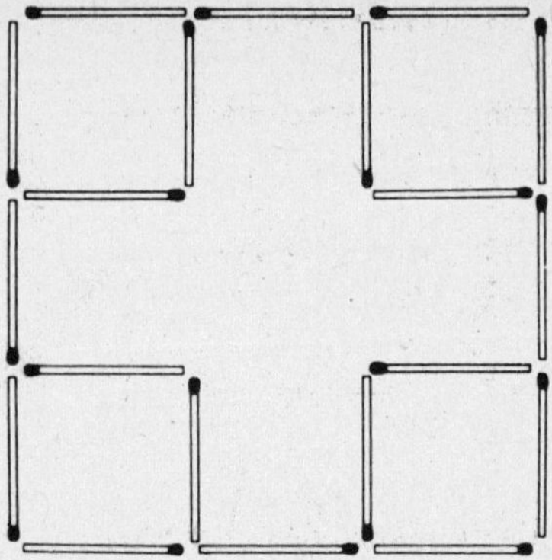

35 Ein Streichholz wird abgebrochen und der Breite nach in die Schachtel geklemmt; das Köpfchen bleibt dran.

So können die anderen Hölzchen nicht herausfallen. Darüber wird ein normales Streichholz gelegt, mit dem bei der Vorführung die Schwerkraft demonstriert wird.
Das verkürzte Hölzchen wird zum Entzünden verwendet, hinterher aber nicht mehr vorgezeigt, und — die anderen Streichhölzer sind wieder frei.

36

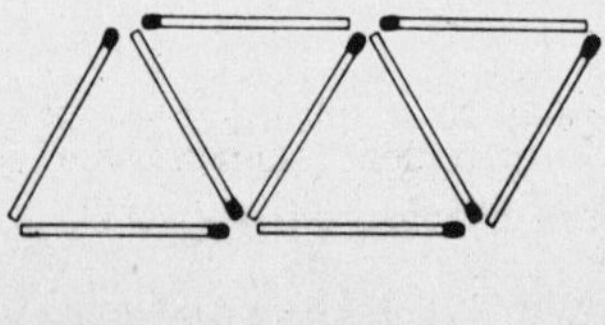

37 Die Fläche ist eineinhalbmal 18 = 27.

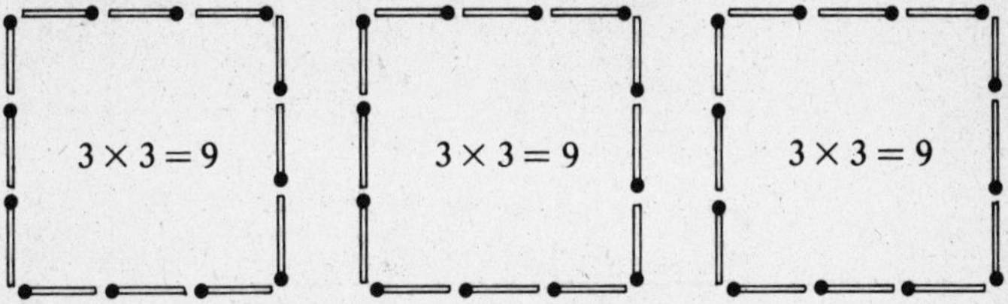

38 Wenn es einem gelingt, daß nach einem eigenen Zug 9 Hölzchen, dann aber zumindest 5 Hölzchen liegenbleiben.

39

40

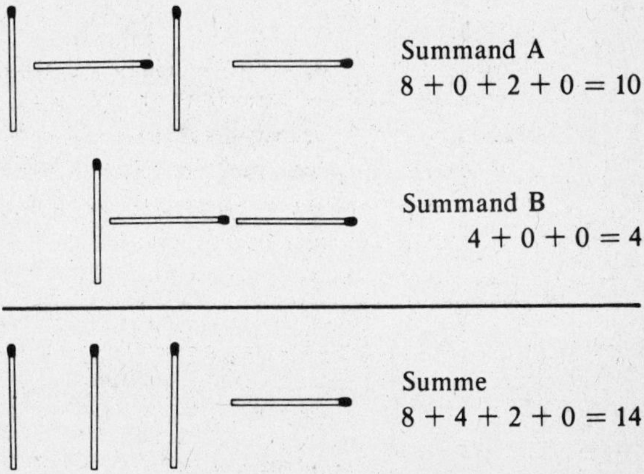

Summand A
8 + 0 + 2 + 0 = 10

Summand B
4 + 0 + 0 = 4

Summe
8 + 4 + 2 + 0 = 14

41

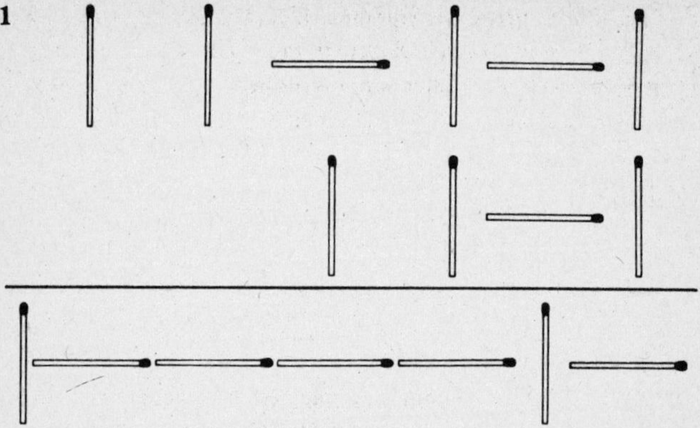

Summand A	$32 + 16 + 0 + 4 + 0 + 1 = 53$
Summand B	$8 + 4 + 0 + 1 = 13$
Summe	$64 + 0 + 0 + 0 + 0 + 2 + 0 = 66$

42

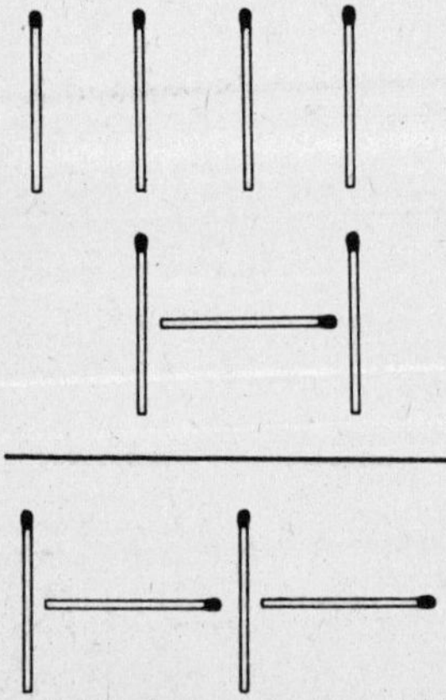

Minuend
$8 + 4 + 2 + 1 = 15$

Subtrahend
$4 + 0 + 1 = 5$

Differenz
$8 + 0 + 2 + 0 = 10$

43 Trixor verbarg in der Hand ein kleines Holzröllchen a). Beim Schließen der Schachtel steckte er es heimlich in die Lade b). Zieht man den Faden an beiden Enden an, so bleibt die Schachtel stehen c). Beim Öffnen wird das Röllchen entfernt.

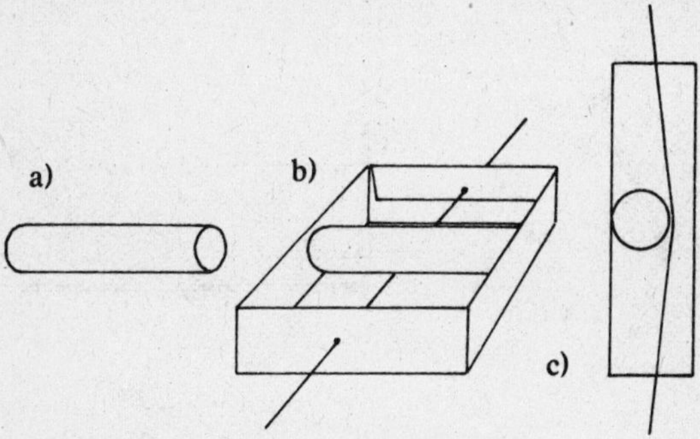

44

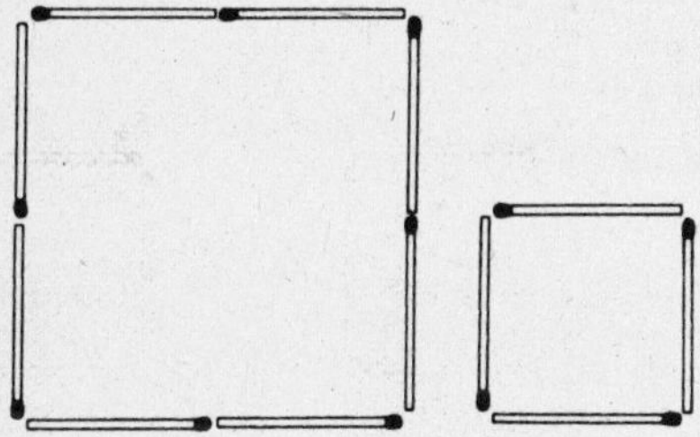

45

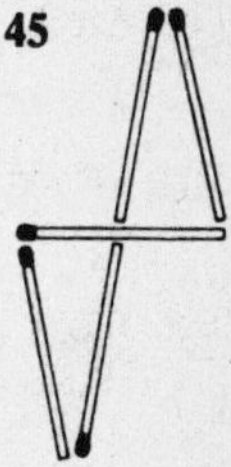

46

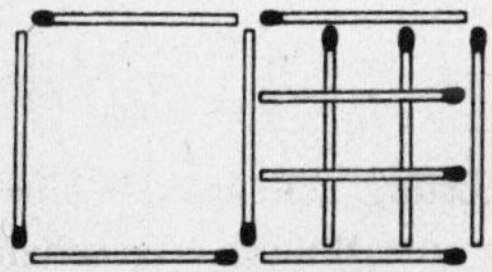

11 Quadrate, 9 kleine und 2 große.

47

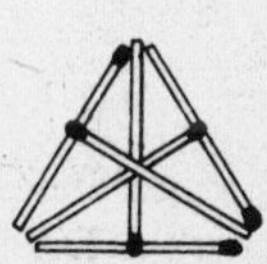

12 rechtwinklige Dreiecke, 6 kleine und 6 große.

48

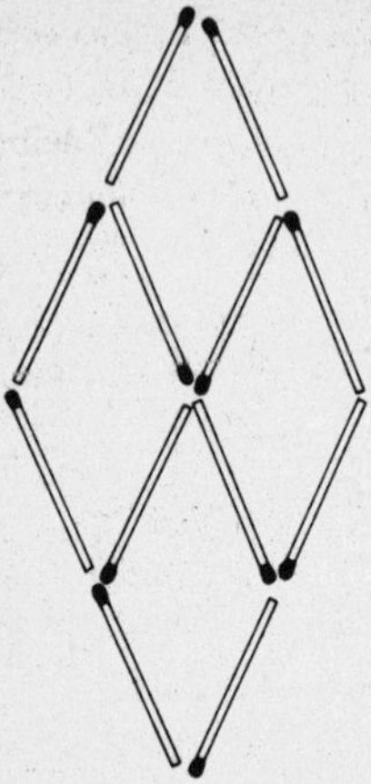

49

50 An der offenen Seite des »Safes« so lange mit dem Fingernagel auf dem Tischtuch kratzen, bis die Münze herausgerutscht ist.

51

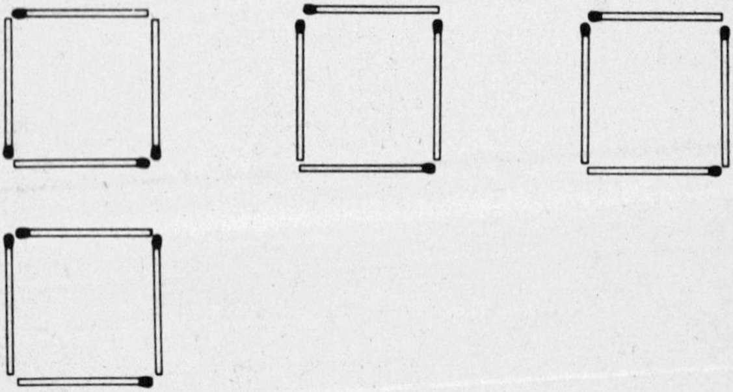

52 Hier finden Sie noch keine Lösung, sondern nur eine Denkhilfe. Dazu ist diese Aufgabe zu raffiniert. Versuchen Sie es bitte noch einmal und bedenken Sie: Muß ein Quadrat immer nur von Streichholzlängen begrenzt sein? — Wenn es gar nicht anders geht, dann lesen Sie später die Lösung unter **121.**

53 So werden die 4 Streichhölzer ineinander verschränkt.

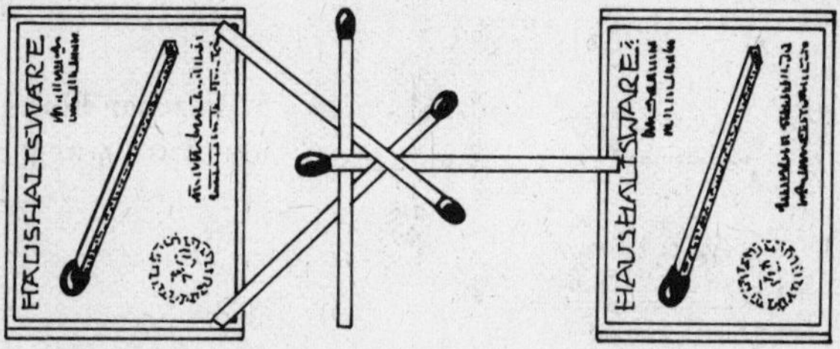

54 Das Wundertuch besteht aus 2 gleichen Tüchern, die an den Rändern sorgfältig zusammengenäht wurden. Dazwischen liegt eine leere Streichholzschachtel (die Schachtel B).

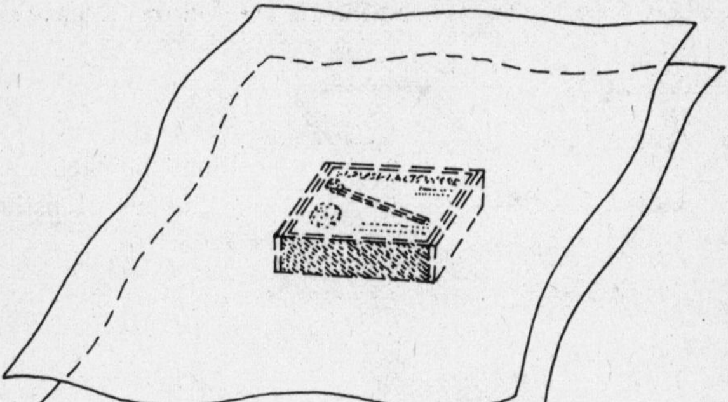

Die Schachtel A, die zum Verschwinden gebracht werden soll, wird mit dem Tuch bedeckt. Die Rechte greift ordnend unter das Tuch und nimmt die Schachtel A. Gleichzeitig ergreift die Linke die Schachtel B und führt sie nach oben, dem Zuschauer unter die Nase. Während sie der Zuschauer in die Hand nimmt, wird die Schachtel A unbemerkt in die Hosentasche gesteckt. Vor dem Spiegel einüben!

55

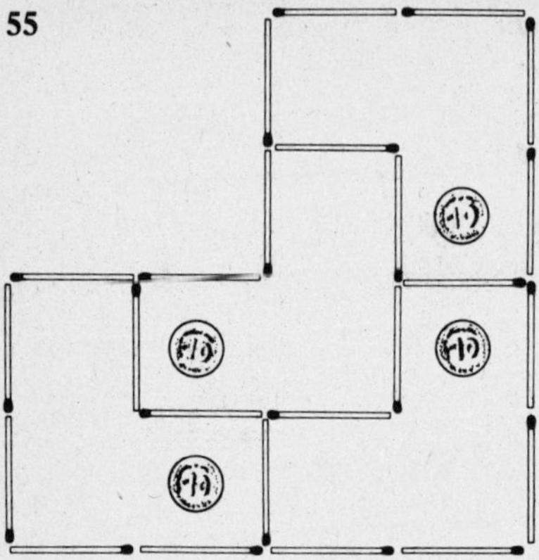

56

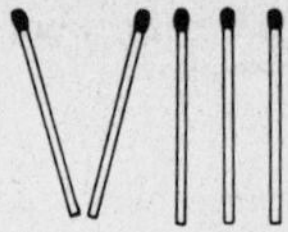

5 Hölzchen hinlegen, (die Zahl) 8 wegnehmen = nichts

57

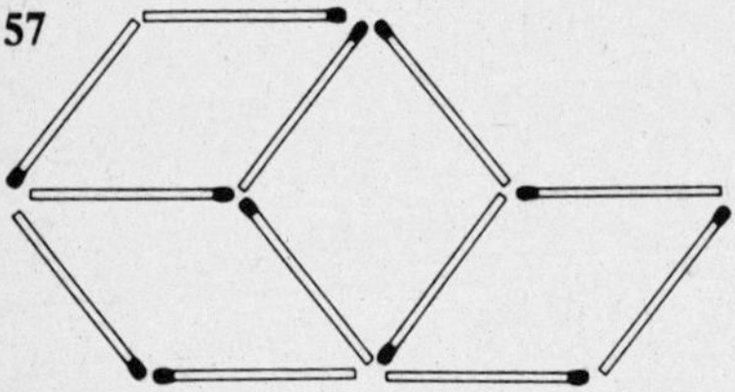

58

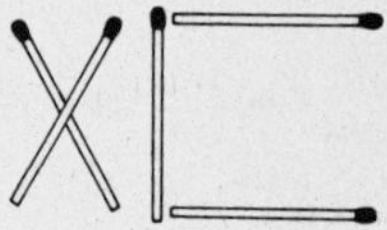

(links die nächsttiefere, rechts die nächsthöhere Ziffer)

59

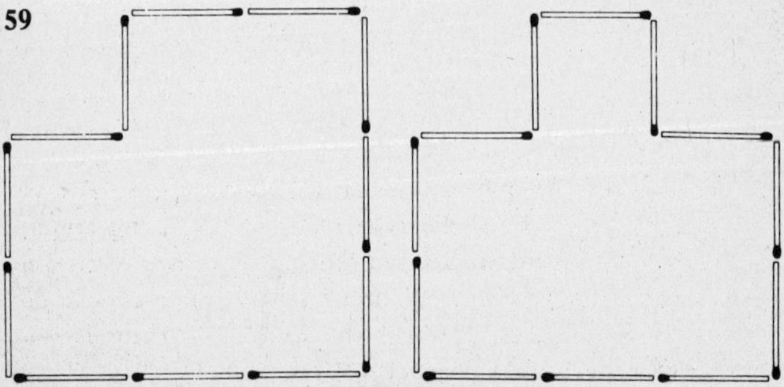

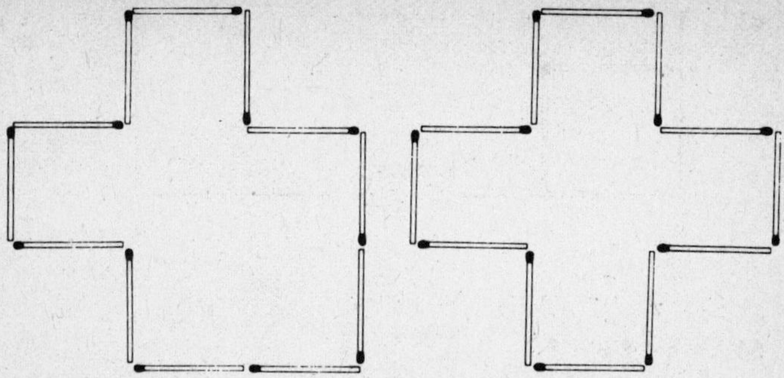

60

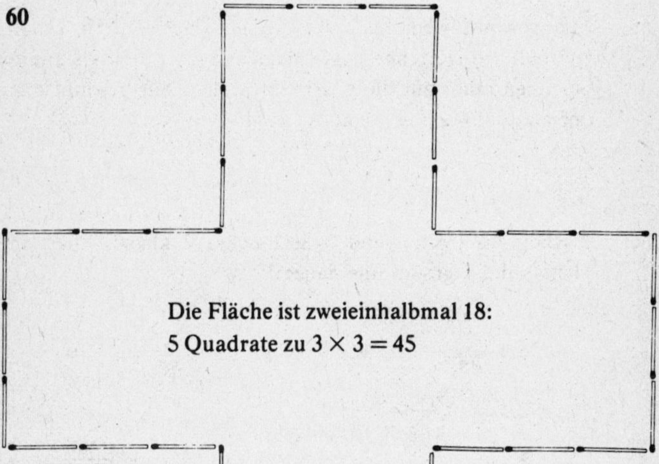

Die Fläche ist zweieinhalbmal 18:
5 Quadrate zu $3 \times 3 = 45$

61

(die Ungeraden)

62

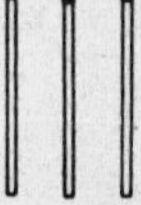

(die Hälfte + 1)

63

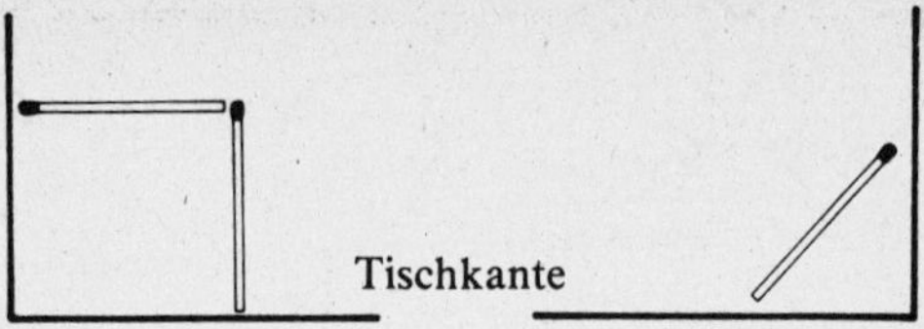

64

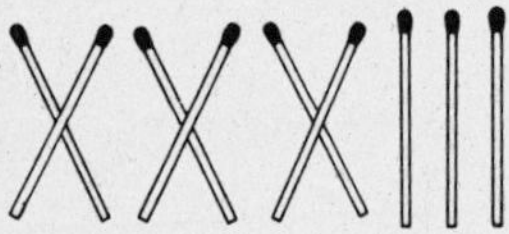

(verdoppeln — 1)

65 Man gewinnt, wenn nach den eigenen Zügen 21, 16, 11 oder zumindest 6 Hölzchen liegenbleiben. Wenn man als zweiter beginnen muß, gilt die gleiche Strategie. Nur gewinnt dann der andere, wenn er sie auch kennt.

66 1 Rhombus (Mitte) und 3 Sechsecke, 2 kleine (links und rechts) und 1 großes (die ganze Figur).

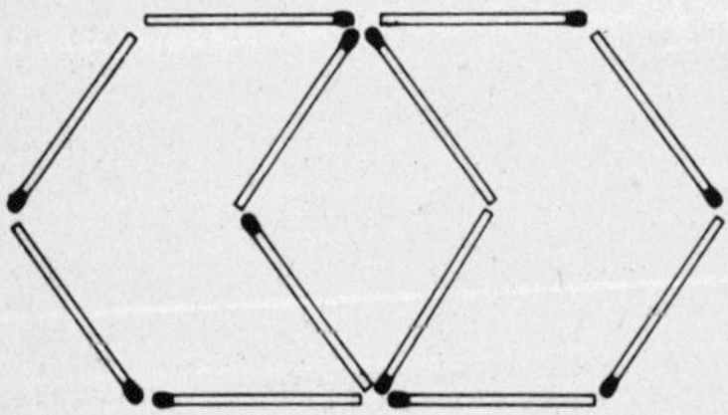

67

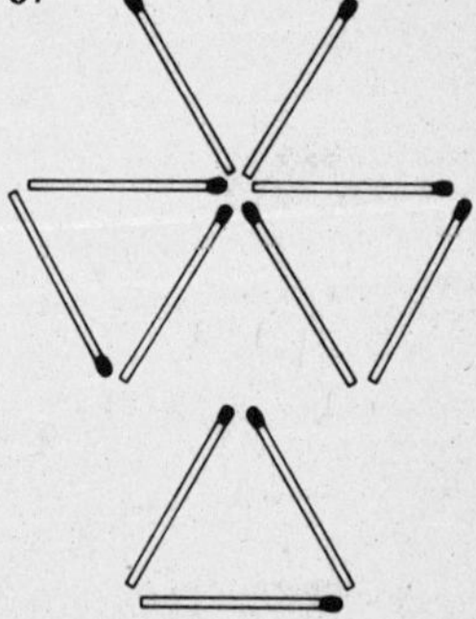

68

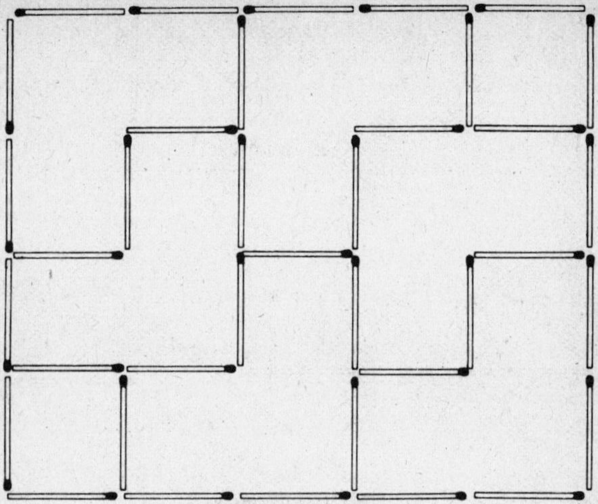

69

70

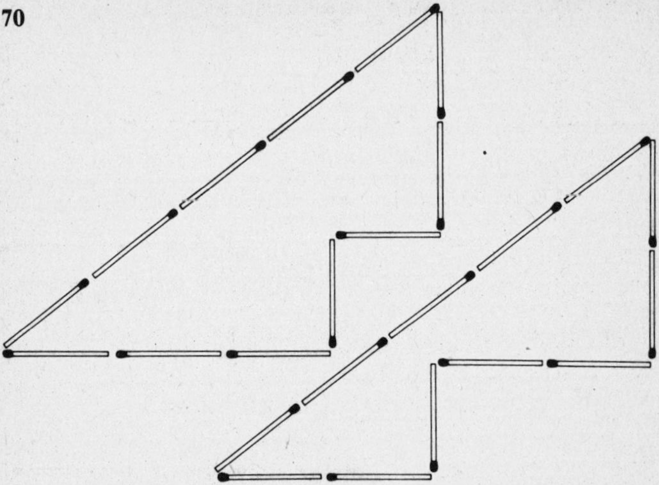

71 Der Münchner Mathematiker Walter Schön entdeckte 24 originale und 24 spiegelbildliche Lösungen. Zwei davon sind: 5 auf 2, 7 auf 10, 3 auf 8, 9 auf 6, 1 auf 4; 4 auf 1, 7 auf 3, 5 auf 9, 6 auf 2, 10 auf 8.

72 Ein kleines Klümpchen Klebewachs wird an der Unterseite der Schachtel befestigt. Daran bleibt die Münze haften. Das Geldstück, das in der Lade erscheint, ist ein Duplikat. Es klemmte vorher zwischen Hülse und Lade der offenen Schachtel.

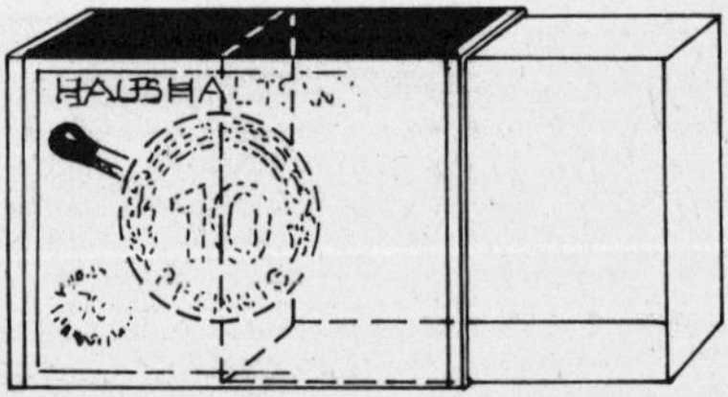

Trixor verschloß die Schachtel durch kräftiges Daraufklatschen. Dadurch wurde das Fallgeräusch der Münze übertönt.

73

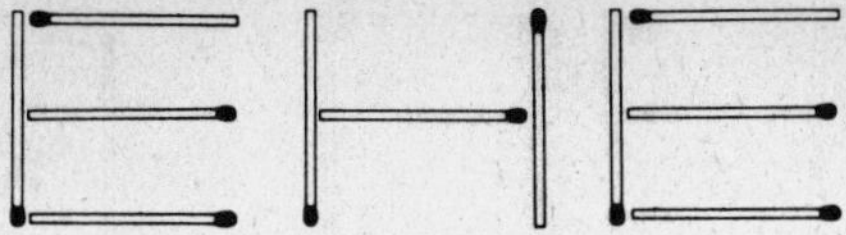

Für manche ein arges Kreuz!

74

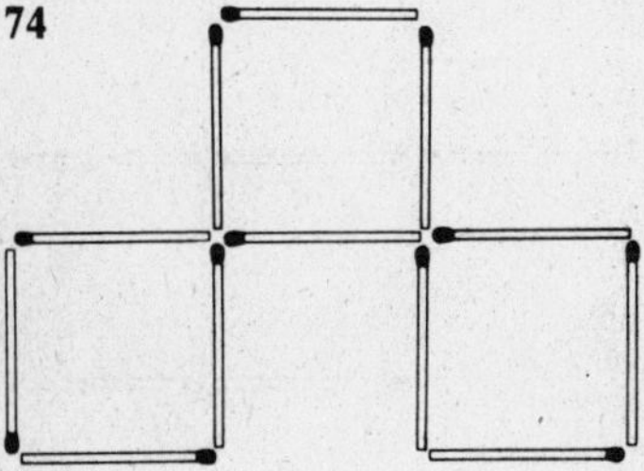

75

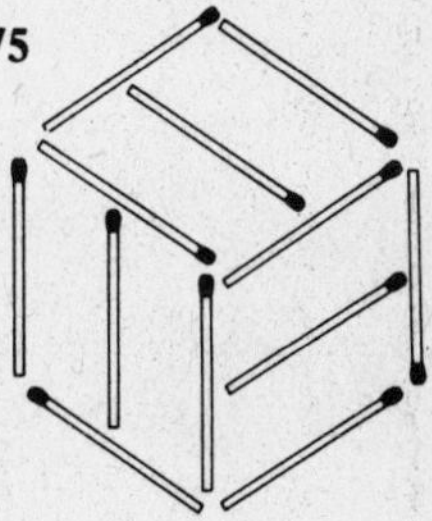

76

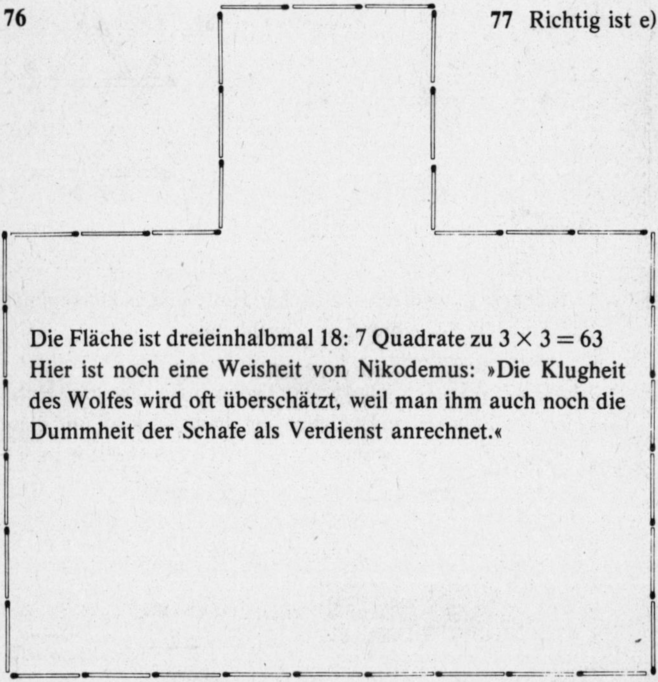

77 Richtig ist e)

Die Fläche ist dreieinhalbmal 18: 7 Quadrate zu $3 \times 3 = 63$

Hier ist noch eine Weisheit von Nikodemus: »Die Klugheit des Wolfes wird oft überschätzt, weil man ihm auch noch die Dummheit der Schafe als Verdienst anrechnet.«

78

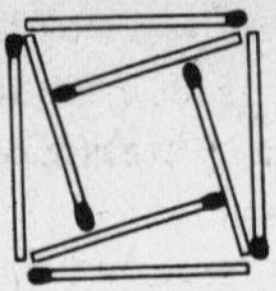

79

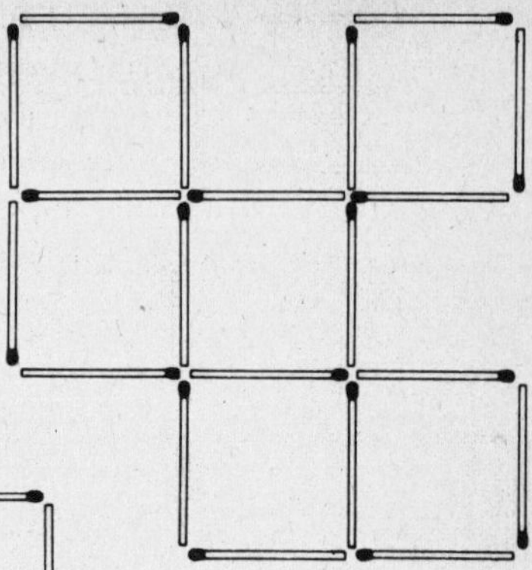

80

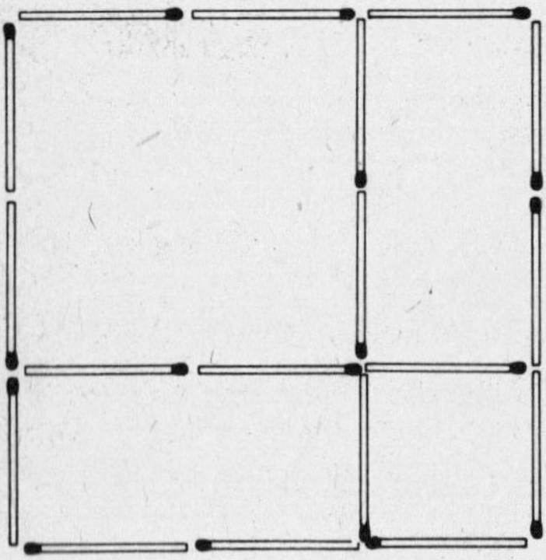

81

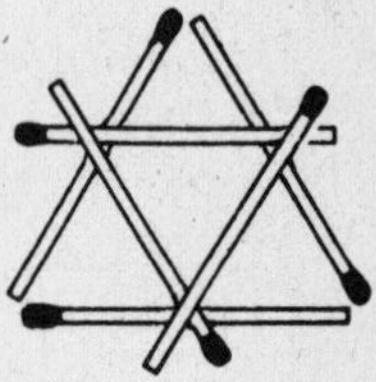

82 Ein Scherz: Ein Hölzchen zwischen Hülse und Lade klemmen und die volle Schachtel damit hochheben.

83 Ein 30 cm langer schwarzer Faden wird an der Hülse befestigt. Beim Hineinschieben der Lade wird er um diese herumgeführt. Am anderen Ende ist eine Sicherheitsnadel, die am Futter der Hosentasche festgesteckt wird.

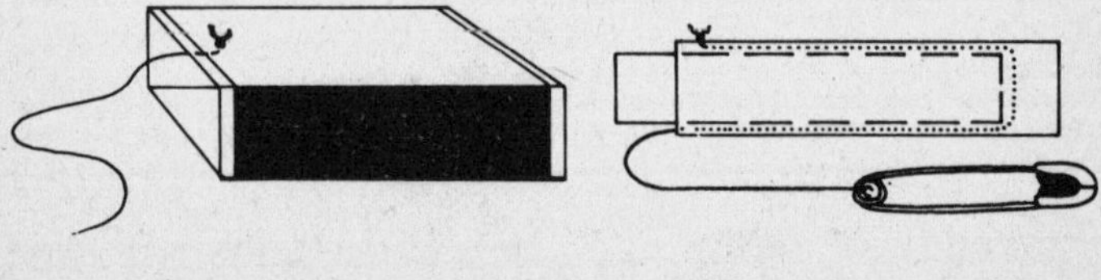

Trixor legte die Schachtel auf den Handrücken und bewegte die Hand langsam und unmerklich nach vorne. Dadurch entstand der Eindruck, die Schachtel bewege sich dem Zauberer entgegen. Beim Umdrehen der Hand wurde der Faden zwischen Zeige- und Mittelfinger gelegt. Dadurch wanderte die Schachtel den Fingerspitzen zu.

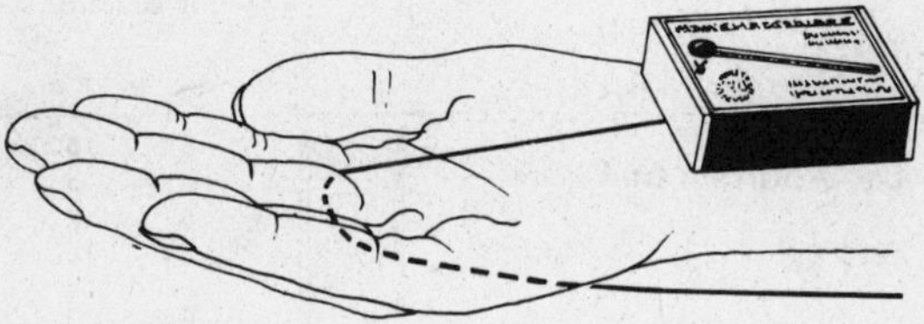

Schließlich wurde die Schachtel aufrecht in die Handinnenfläche gestellt und festgehalten. Der Faden war dabei auf der dem Zauberer zugewandten Fläche. Wieder wurde die Hand unmerklich nach vorne geführt, und die Schachtel öffnete sich.

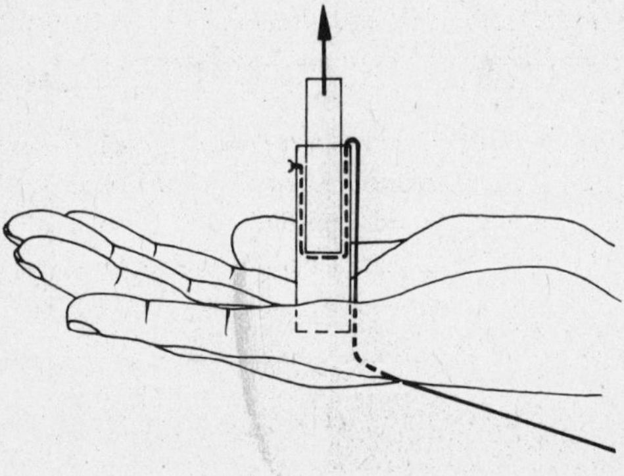

84 Die Umwandlung in das Dualsystem:

26 : 2 = 13, Rest 0
13 : 2 = 6, Rest 1
6 : 2 = 3, Rest 0
3 : 2 = 1, Rest 1
1 : 2 = 0, Rest 1

---

5 : 2 = 2, Rest 1
2 : 2 = 1, Rest 0
1 : 2 = 0, Rest 1

Das ergibt im Zweiersystem:

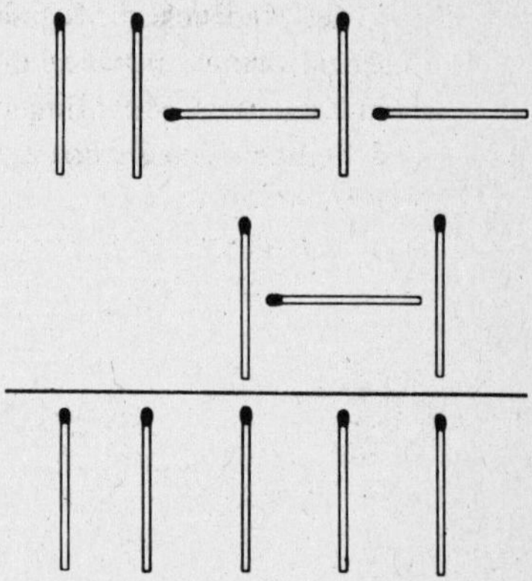

Die Addition und die Umwandlung in das Dezimalsystem:

$2^4 \quad 2^3 \quad 2^2 \quad 2^1 \quad 2^0$

$16 + 8 + 4 + 2 + 1 = \underline{\underline{31}}$

85

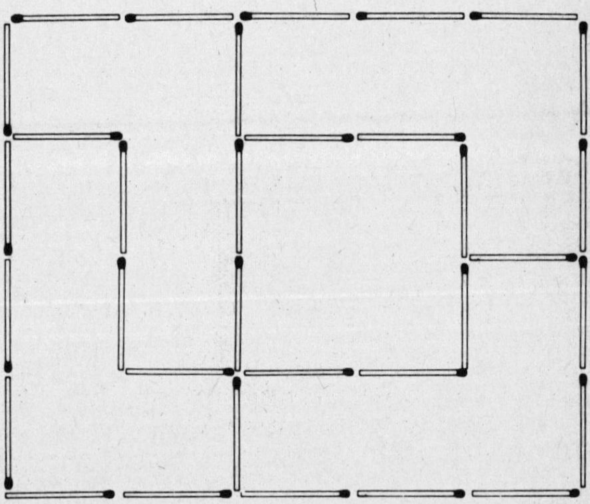

86 Das Hölzchen wird mit der Linken unter das Tuch geführt. Unter dem Tuch wird es zwischen Handteller und Daumenansatz festgehalten (der Fachmann nennt das Daumenpalmage). Nun können alle Finger ausgestreckt werden. Sie erfassen das zweite Hölzchen — es ist im Saum der Krawatte verborgen — und führen es nach oben. Der Zuschauer hält und zerbricht es.

Beim Ausschütteln des Tuches wird das palmierte Hölzchen wieder freigegeben.

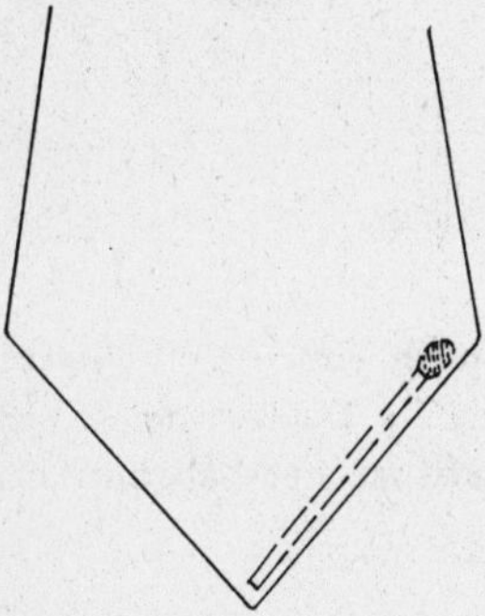

87

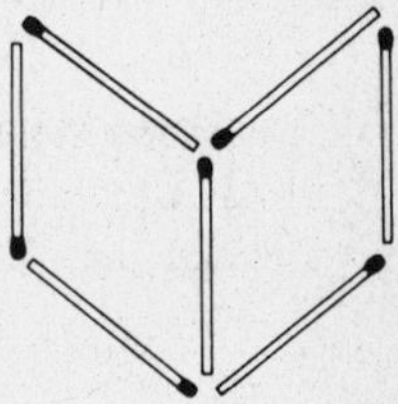

88 So werden die 8 Ziegen mit 22 Hürden umgeben.

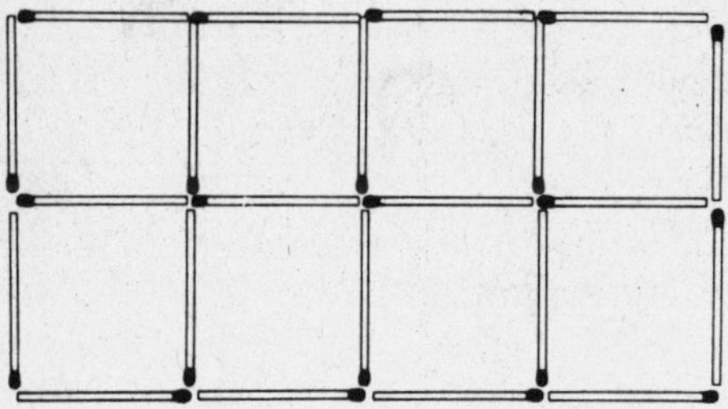

89 Ein Scherz: Die Hälfte von 12 (römisch) ist 7; oben normal, unten spiegelbildlich.

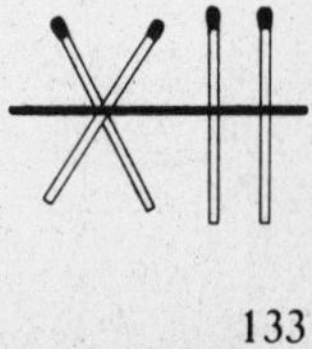

90 Die Fläche ist viereinhalbmal 18: $9 \times 9 = 81$

»Die große Mehrzahl der Dummen wird von denen gebildet, die durch die böse Gewohnheit, ihr Denkvermögen niemals anzustrengen, die Fähigkeit dazu verloren haben.« (Locke)

91 Hier wird mit dem Zählen begonnen.

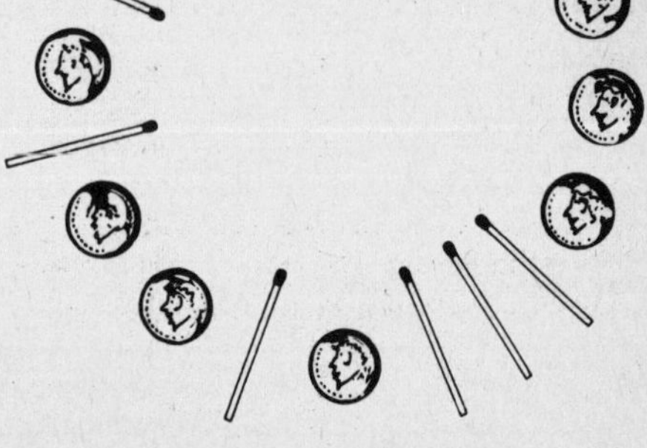

92

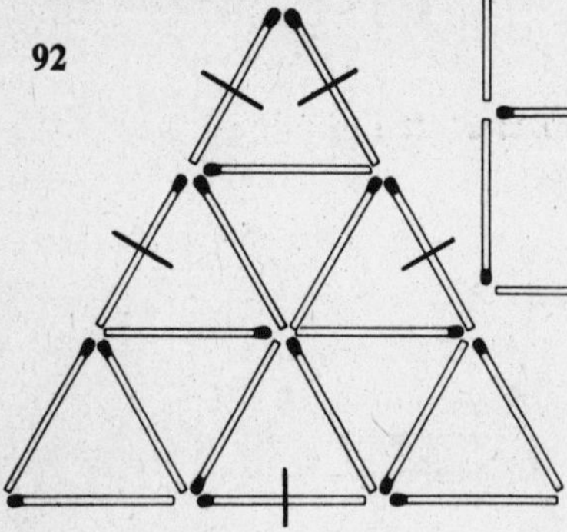

93

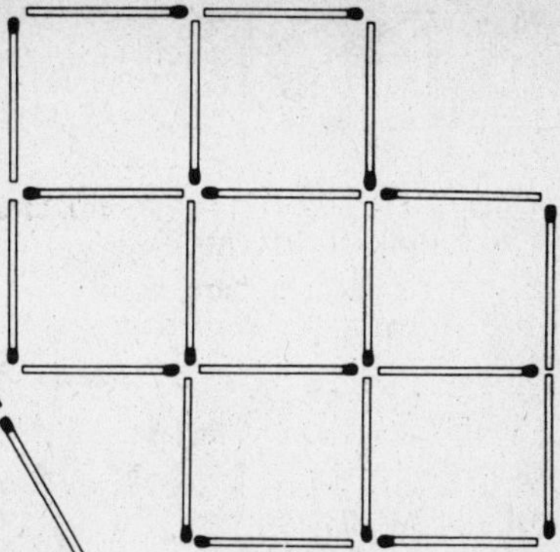

9 Quadrate,
7 kleine und 2 große.

94 Zuerst

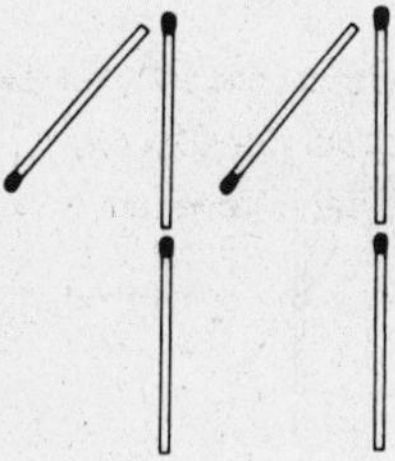

dann

und dann:

Der Zauberer hat in seiner Tasche 10 Streichhölzer verborgen. Während die obigen Figuren gelegt werden, holt er sie unbemerkt heraus und verbirgt sie in der Hand. Er nimmt das letzte offen liegende Hölzchen auf, schüttelt es zwischen seinen Händen und — 11 Hölzchen fallen auf den Tisch.

95

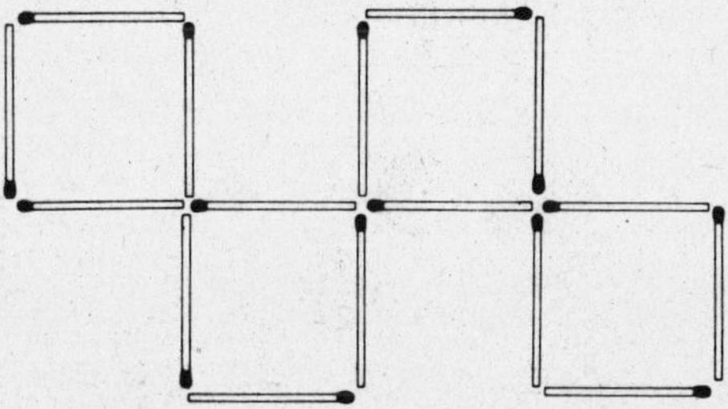

96

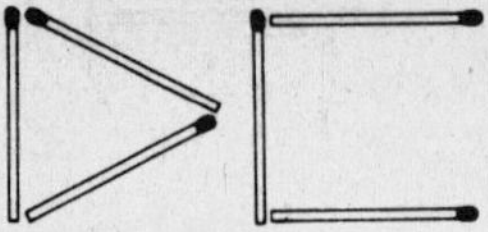

(links und rechts
die nächsthöhere
Ziffer)

97

(+5, —50, +5 …)

98

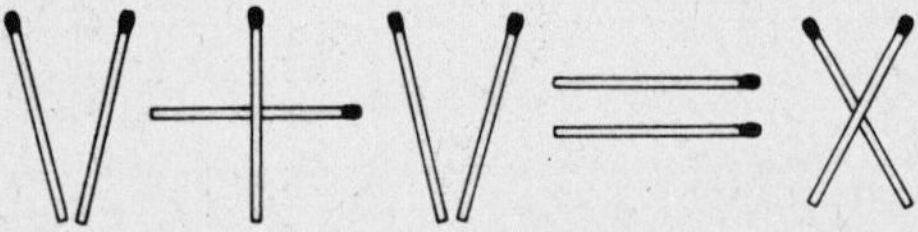

99

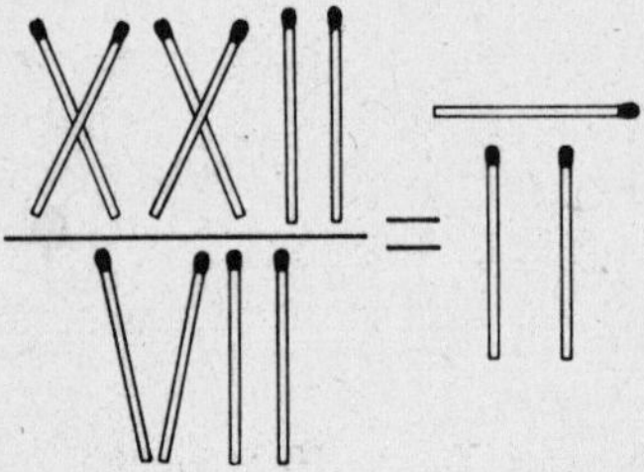

(22 : 7 = Pi)

100

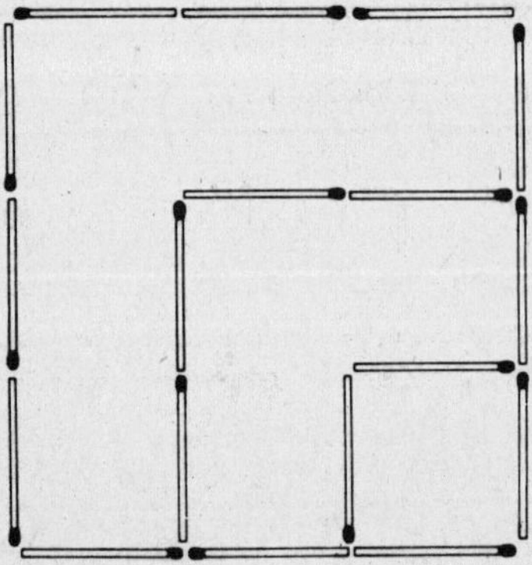

101

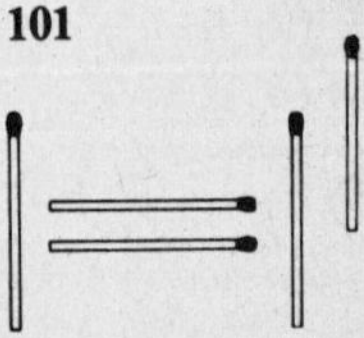

(1 = 1 hoch 1)

102 Ein Hölzchen knicken und auf die Flaschenöffnung legen; darauf kommt das Geldstück. Tropft man auf die geknickte Stelle 1 bis 2 Tropfen Wasser, so öffnet sich das geknickte Holz, und die Münze fällt in die Flasche.

103

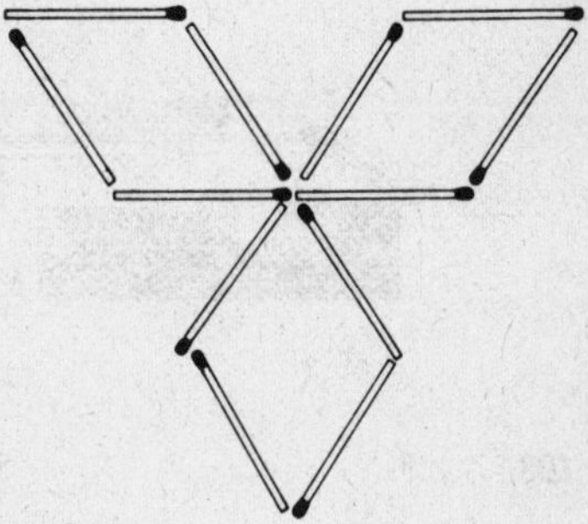

104

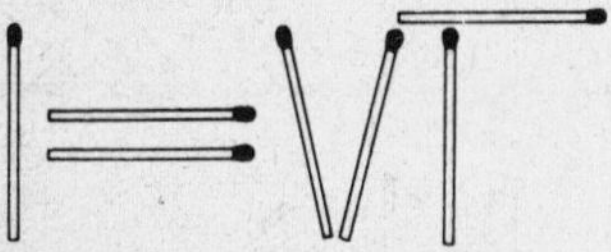

(1 = Wurzel aus 1)

105

106

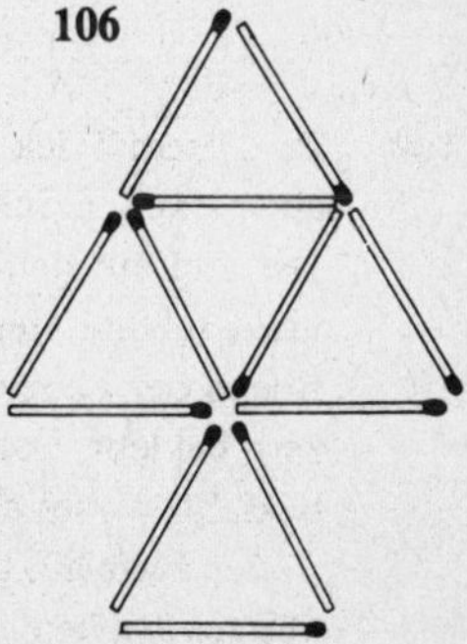

107 Ein leichtes Blasen erzeugt den scheinbaren Magnetismus. Das ist eines der schönsten Tischkunststücke, wenn es gut eingeübt und richtig und nur einmal vorgeführt wird.

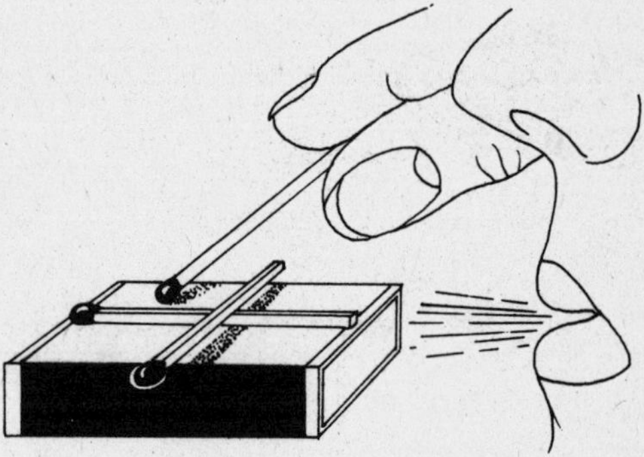

108

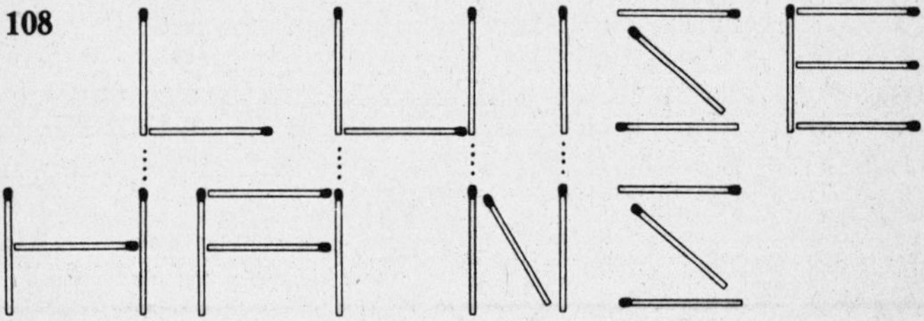

109 Zu diesem Trick muß die Schachtel präpariert werden. Von einer zweiten Schachtel wird mit Wasser das Etikett abgelöst und auf den Boden der ersten geklebt. Nun kann man nicht mehr unterscheiden, wo oben und wo unten ist. Der Boden der Lade wird herausgeschnitten und mit Streichhölzern beklebt. Der Rahmen der Lade wird mit weißem Papier beklebt, wobei die Ränder verstärkt werden. So kann der Boden zwar hin und her fallen, nicht aber aus dem Rahmen herausrutschen.

Die Lade kommt in die Hülse, mit den aufgeklebten Hölzchen nach oben. Ein loses Streichholz wird daraufgelegt; damit wird Feuer gegeben. Die Schachtel wird umgedreht — der Boden der Lade fällt nach unten. Die Schachtel wird wieder geöffnet — die Lade ist scheinbar leer.

110

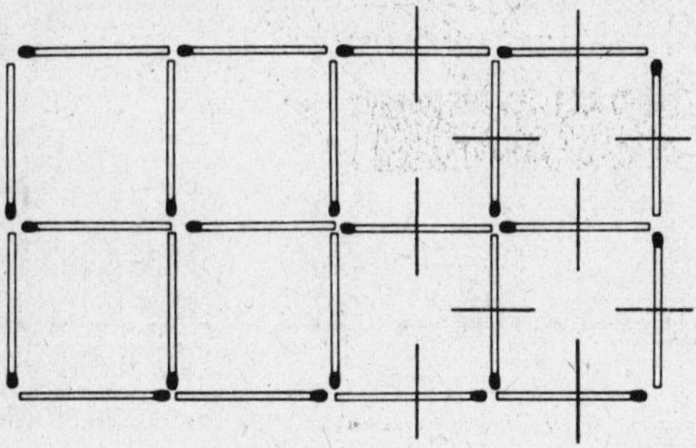

111

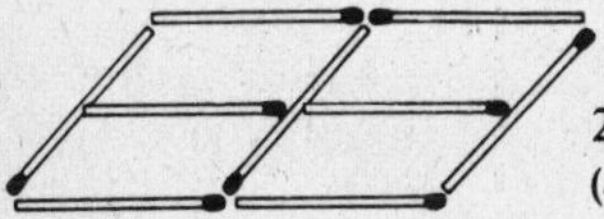

2 Rhomben und 5 Rhomboide (4 kleine und 1 großes)

112 Man gewinnt, wenn dem Gegner zum Schluß 7 Hölzchen zur Wahl bleiben; oder schon vorher 28, 21 oder 14 Hölzchen.

113 Das genau in der Mitte aufgespießte Hölzchen wird durch Hin- und Herdrehen so präpariert, daß es sich leicht um die Achse bewegt. Beim Dagegenschnippen durchdringt das Streichholz nur scheinbar die Nadel. In Wirklichkeit dreht es sich blitzschnell um ca. 180 Grad in anderer Richtung. Es handelt sich also um eine optische Täuschung, die nicht wahrgenommen wird, da das Köpfchen fehlt.

114

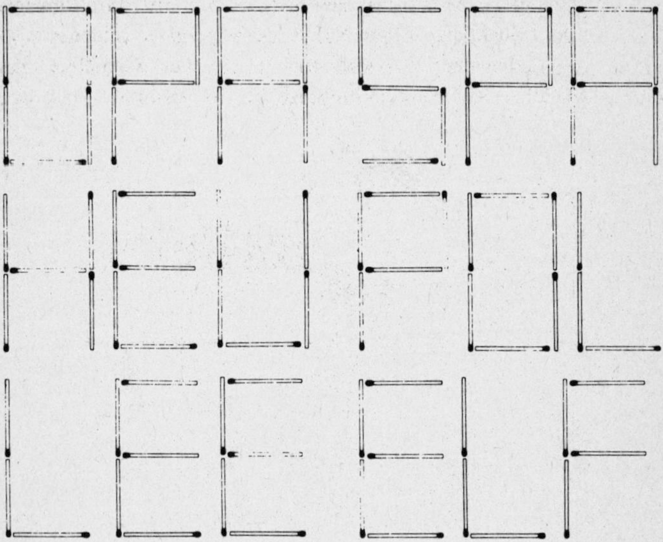

115

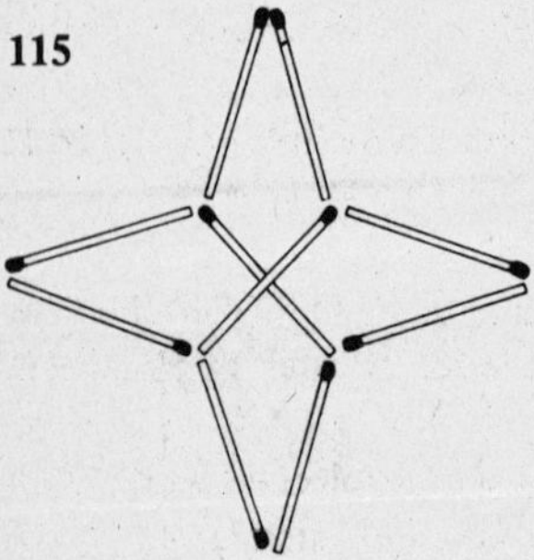

116

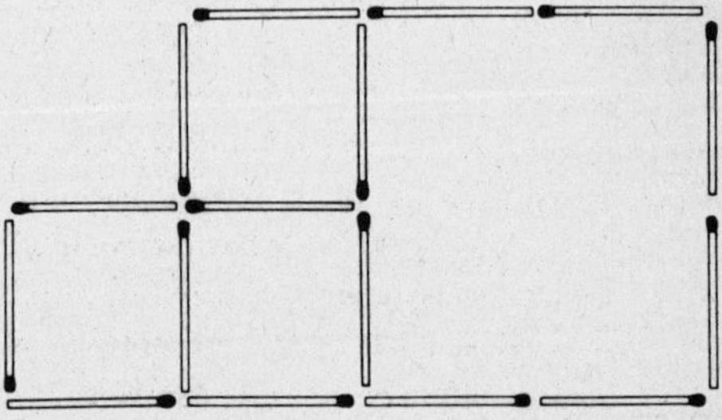

117 Der Salto mortale kommt durch ein Schnippen mit dem Fingernagel zustande. Das zweite Hölzchen wird mit Daumen und Zeigefinger in der Nähe des Köpfchens gehalten, das andere Ende des Streichholzes ruht fest auf dem Nagel des Ringfingers. Der Mittelfingernagel liegt leicht am Hölzchen an.

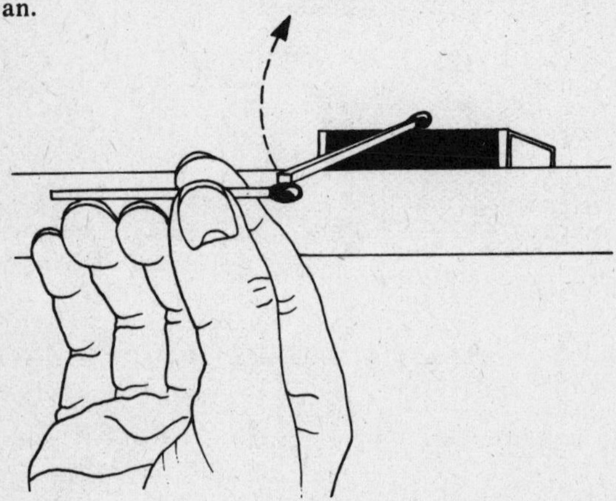

Die Hand wird so gehalten, daß die Innenfläche nach oben zeigt. Das herausragende Ende des ersten Hölzchens wird leicht angehoben, und der Nagel des Mittelfingers schnippt ganz leicht am zweiten Hölzchen ...
So einfach und wirkungsvoll dieser Trick auch ist — er muß gut geübt werden.

118

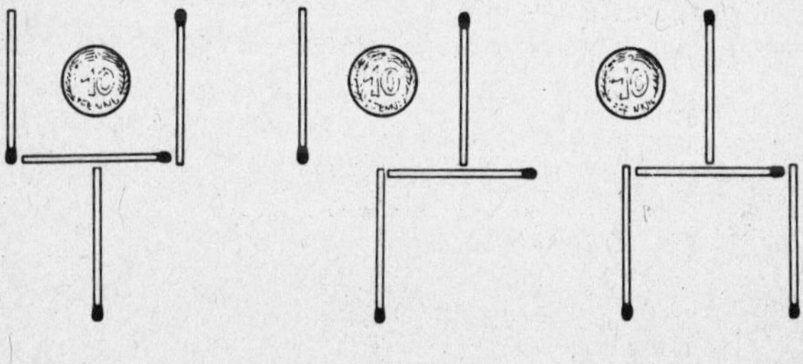

Ausgangsfigur, eines umlegen, noch eines umlegen.

119

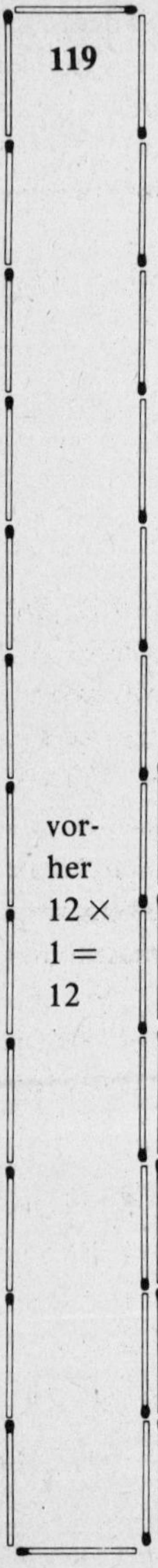

120

121

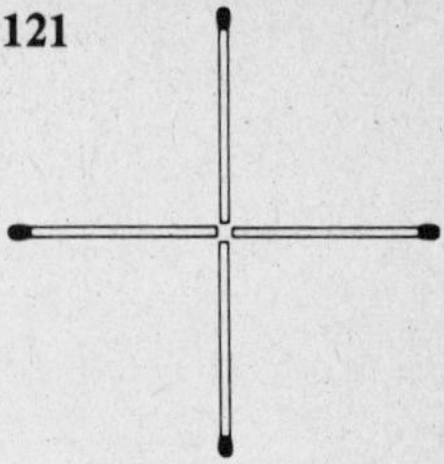

122

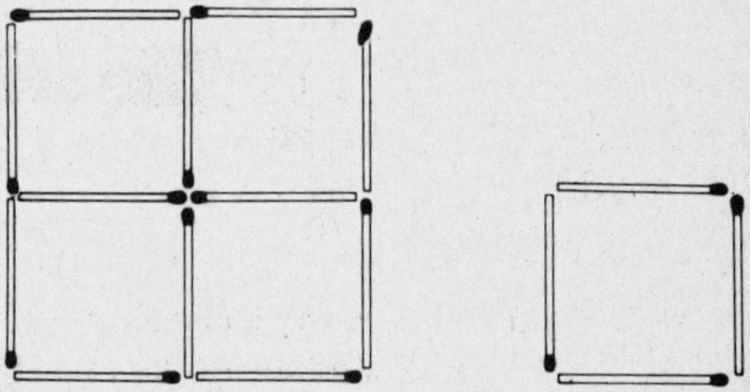

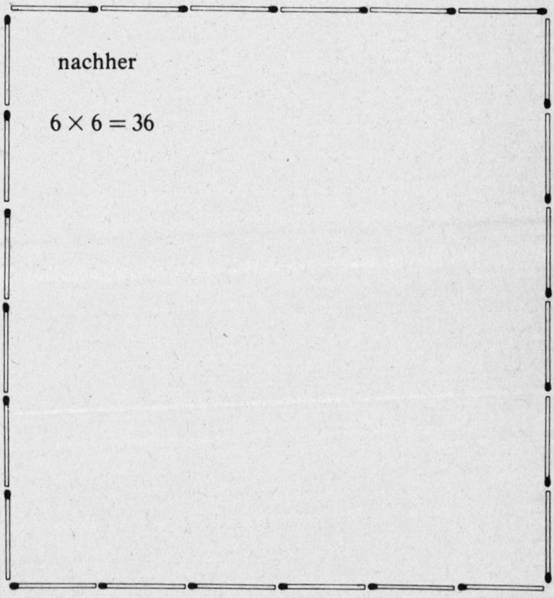

123 Die einfache Lösung:

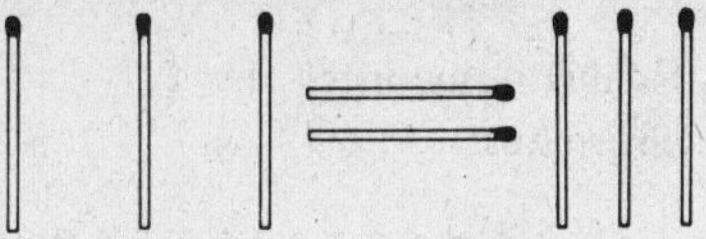

und die schwierigere:

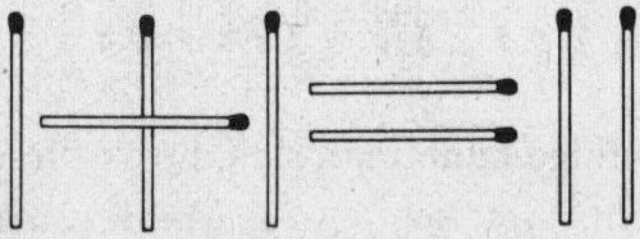

124 Der Magier hatte zuvor einige Hölzchen präpariert. Die Köpfchen wurden mit einem Bleistift schwarz gefärbt und das Holz mit einer Flamme angesengt. Diese Streichhölzer hatte Trixor vorher unbemerkt in den Aschenbecher gelegt.

125 Es wird Ihnen kaum gelingen, von vorn beginnend Ihr Geburtsjahr niederzuschreiben. Sie kommen aber rasch ans Ziel, wenn Sie die Geheimzahl von hinten aufbauen. Ist Ihr Geburtsjahr eine gerade Zahl, so legen Sie ein waagrechtes Hölzchen, sonst ein senkrechtes. Dann teilen Sie Ihr Geburtsjahr durch 2 und vernachlässigen den Rest 0 oder 1. Ist das Ergebnis eine gerade Zahl, legen Sie ein waagrechtes Hölzchen, sonst ein senkrechtes, usw. usw., bis Sie bei 1 angekommen sind.
Warum Sie ausgerechnet 11 Streichhölzer zu legen haben? Weil Ihr Geburtsjahr als Zahl zum Bereich der 11. Potenz von 2 gehört, zwischen 1024 und 2048.

126 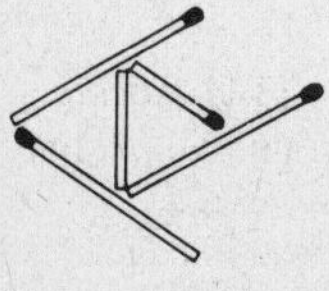

3 weg und 2 dazu,
eines davon geknickt.

127 Richtig sind a) und b) und d)

128 Die Aufstellung zugunsten der Partei A (Köpfchen nach oben) sieht so aus:

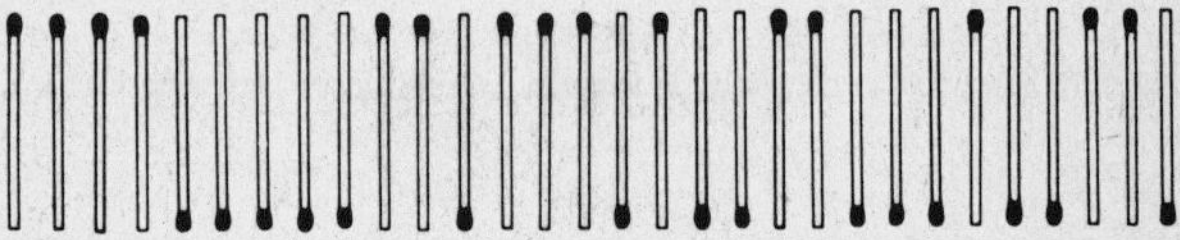

Die Reihenfolge kann man sich durch diesen Eselsbrückensatz merken: »G*o*tt schl*u*g d*e*n M*a*nn *i*n *A*m*a*l*e*k, d*e*r *I*sr*ae*l b*e*zw*a*ng.« Dabei bedeuten die Vokale folgendes: a = 1, e = 2, i = 3, o = 4 und u = 5.

129 Ein Hölzchen wird quer über den Uferwinkel gelegt, dann reicht das andere von diesem bis zum Inseleck.

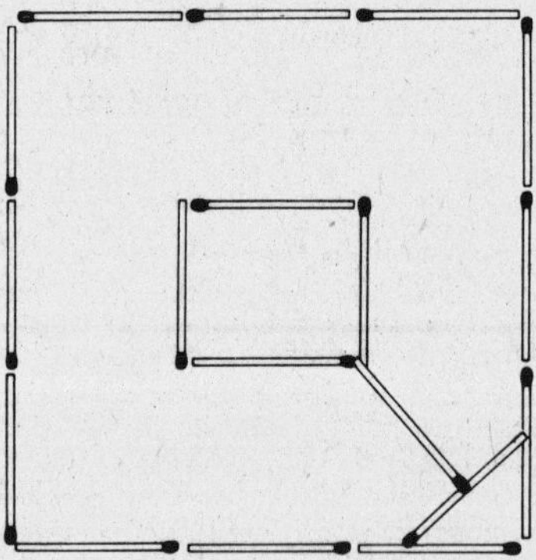

130

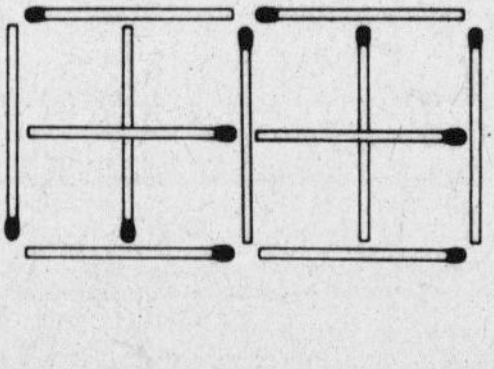

11 Quadrate,
8 kleine und
3 große.

131

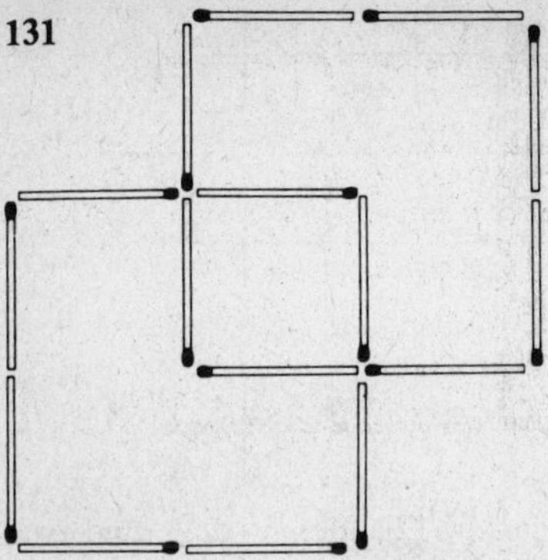

132

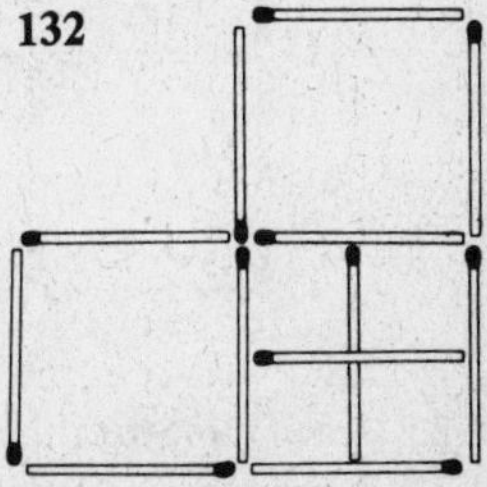

133 Das brennende Streichholz wird senkrecht zwischen Daumen, Zeige- und Mittelfinger der rechten Hand gehalten. Es erlöscht, wenn der Ringfinger leicht am Holzstil schnippt. Die Aufmerksamkeit der Zuschauer ist in diesem Moment auf das Pusten in den linken Ärmel zu richten.
Die Flamme darf allerdings nicht zu weit heruntergebrannt sein.

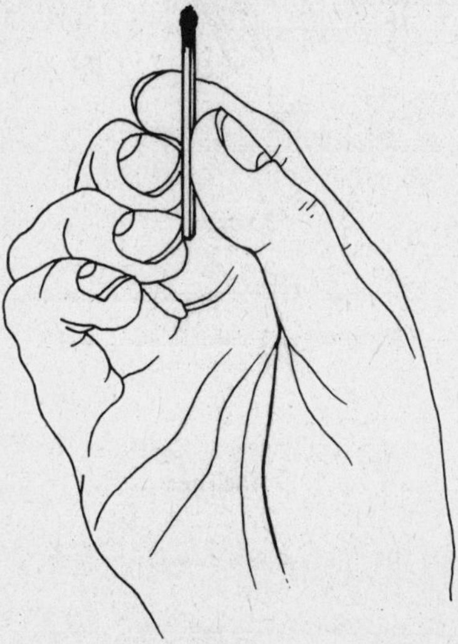

134

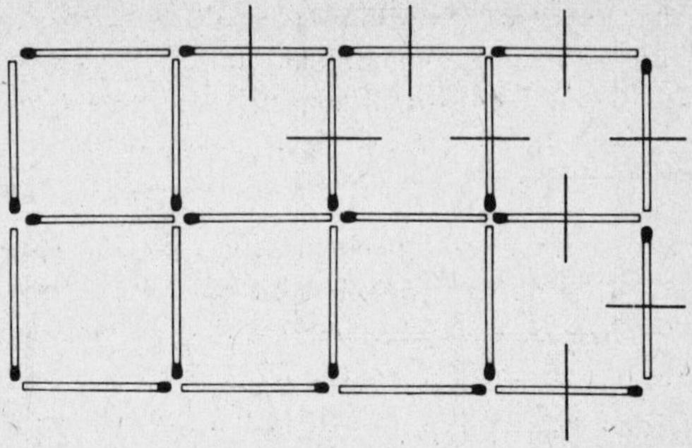

135 Auf ein Streichholz werden die 12 anderen gelegt, und zwar abwechselnd mit den Köpfchen links und rechts. Das vierzehnte Hölzchen kommt parallel zum ersten über die 12 querliegenden. Dann kann man mit dem ersten die übrigen 13 hochheben.

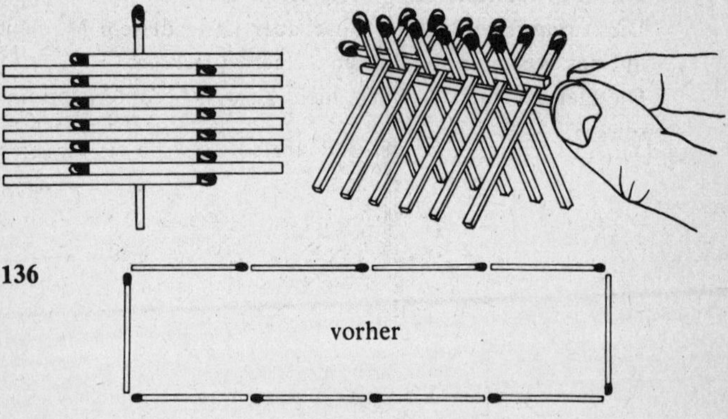

136

137 Hier steht noch keine Lösung, sondern nur eine kleine Denkhilfe: Wie viele Dimensionen gibt es? Versuchen Sie noch einmal, die Aufgabe allein zu lösen. Wenn es gar nicht anders geht, dann lesen Sie weiter unter **30.**

138 Je eine Fläche von 2 Streichhölzern trägt einen großen Punkt aus schwarzem Buntpapier. Zu Beginn hält man die Hölzchen etwa in Oberschenkelhöhe nach unten, mit den leeren Seiten zum Zuschauer. Dann geht man mit den Hölzchen schnell nach oben, etwa in Schulterhöhe. Etwa in Brusthöhe dreht man dabei — während des Hochgehens — die Hölzchen mit den Spitzen von Daumen und Zeigefinger herum. Dadurch wird für die Zuschauer die Täuschung erweckt, sie haben beide Flächen beider Hölzchen leer gesehen.
Auf dieses Drehen ist das ganze Kunststück aufgebaut. Entweder wird beim Hoch- oder beim Abwärtsgehen gedreht, oder während der Ringfinger eine Fläche verdeckt. Wieder wird die Schwäche unserer Sinnesorgane ausgenützt!
Dieses schöne Kunststück ist aber auch ein Beispiel dafür, daß es nicht genügt, den Trick zu kennen. Erst längeres Üben aller Bewegungen vor dem Spiegel macht es vorführreif. Wird es ohne die nötige Übung präsentiert, gibt es eine Blamage, jeder kennt den Trick, und die einzige Freude, die dieser verbreiten würde, wäre die Schadenfreude über sein Mißlingen.

139

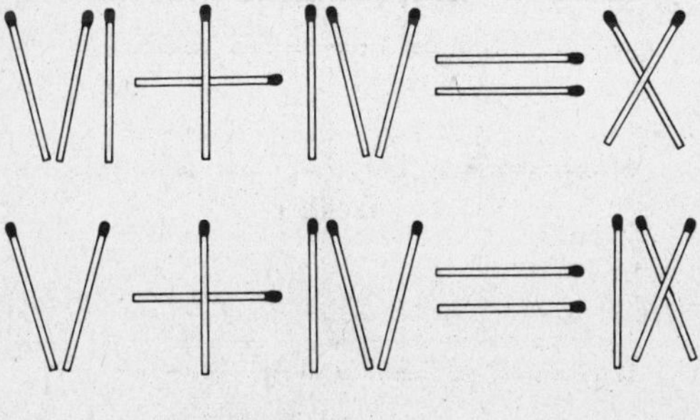

140

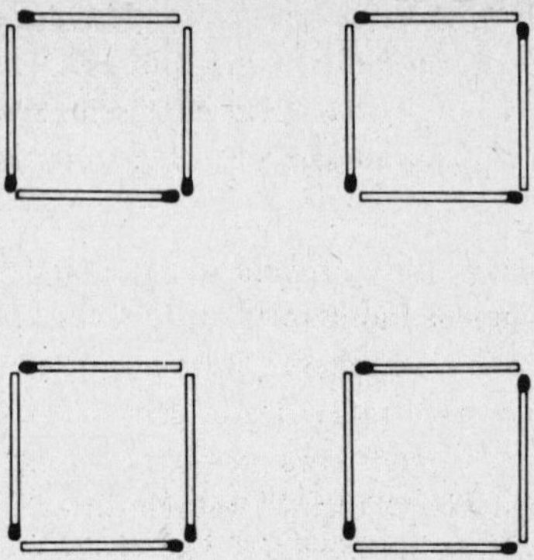

141 Wieder ein faszinierendes und rätselhaftes Kunststück, das auf keinen Fall entschleiert werden darf. Der Künstler sitzt linksprofil, also mit der linken Körperseite den Zuschauern zugewandt. Dreimal macht die Hand des Zauberers einen Bogen von seinem Haaransatz bis zur Hand des Zuschauers. Zweimal berührt das Hölzchen wirklich die Hand des Gehilfen. Beim dritten Hochgehen schiebt der Künstler das Streichholz schnell und unmerkbar in seine Haare hinein und schlägt, ohne Stockung, zum drittenmal in die Hand des Zuschauers. Diesmal mit dem ausgestreckten Zeigefinger. Die Hölzchen werden später unauffällig aus dem Haar entfernt. Zunächst läßt sie der Zauberer ganz einfach stecken.

142

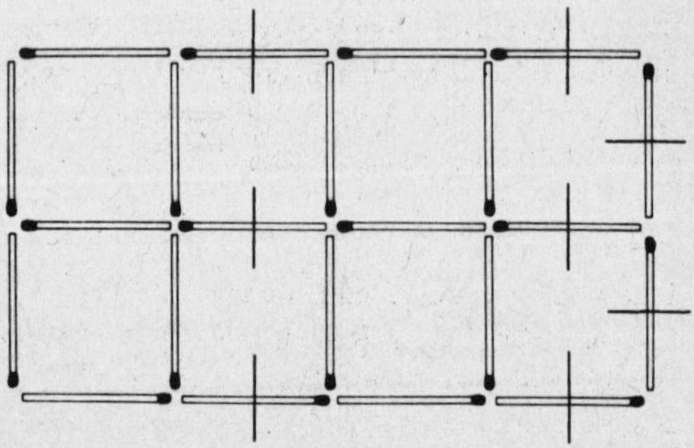

143 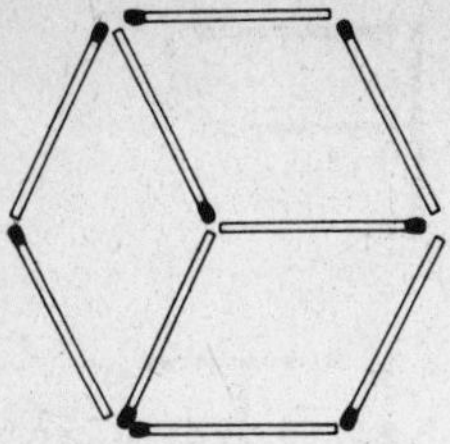

144 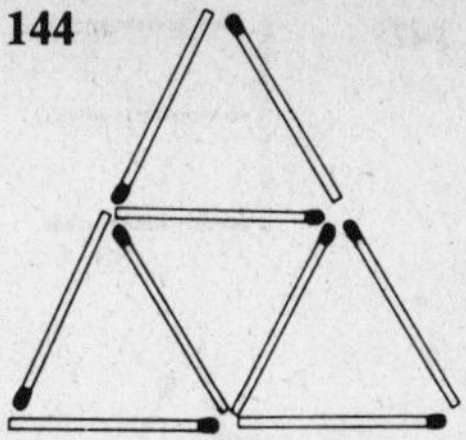

145 Der Zauberer hatte unbemerkt einen Ventilgummi von etwa 1,5 cm über die Enden der Hölzchen geschoben. So lassen sie sich leicht bewegen. Die Finger verdecken den Gummi während der Vorführung. Hinterher wird das Haar zur Untersuchung gereicht. Während die Zuschauer nach dem Haar greifen, zieht der Künstler die Hölzchen aus dem Gummi und gibt sie ebenfalls zur Untersuchung frei.

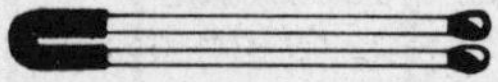

146 Man muß die Hölzchen so wegnehmen, daß für den Gegenspieler immer 2 Häufchen mit gleicher Anzahl übrigbleiben (5 + 5, 4 + 4, 3 + 3, 2 + 2). Beim Stand von 2 + 2 nimmt der Gegenspieler 1 oder 2 und man selbst 2 oder 1.

147 Trixor hatte seinen Daumennagel vorher mit Speichel befeuchtet. Durch das Reiben wird das Köpfchen klebrig, und das Hölzchen bleibt dann tatsächlich auf einem Tischtuch stehen.

148

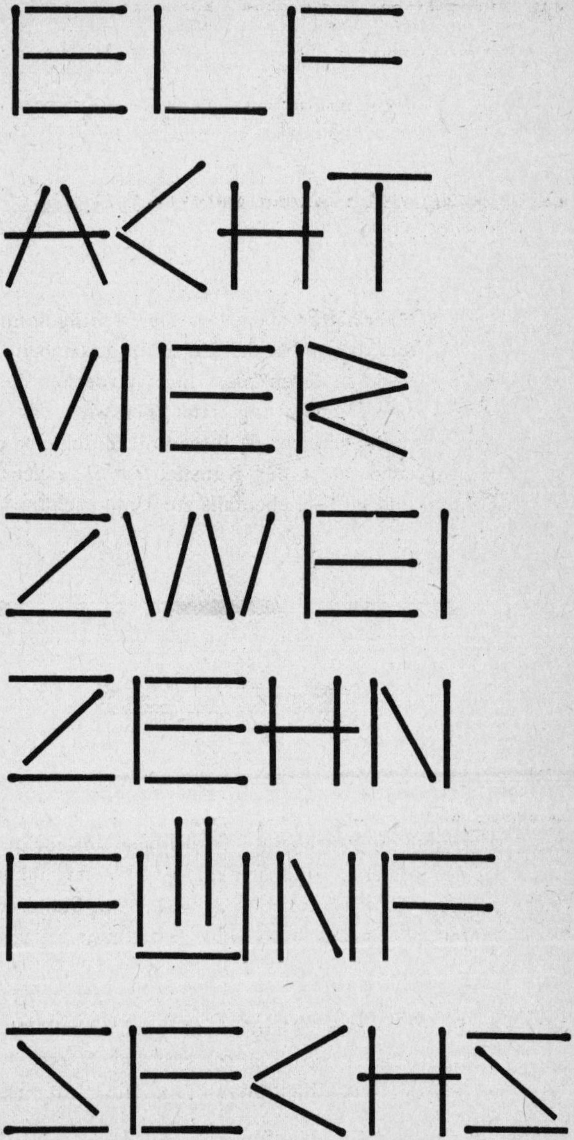

149

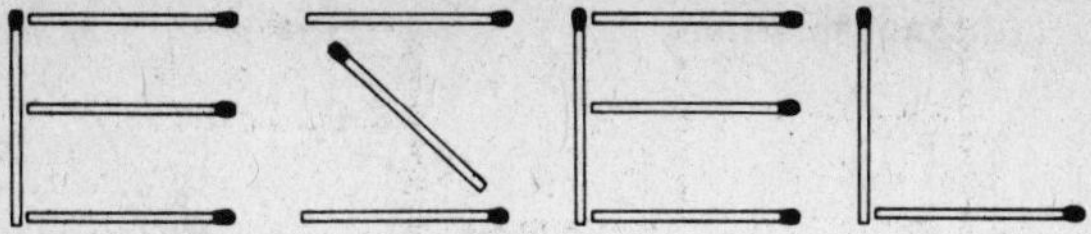

150 Er kann noch 6 Hürden entbehren, und so sieht dann der Pferch aus:

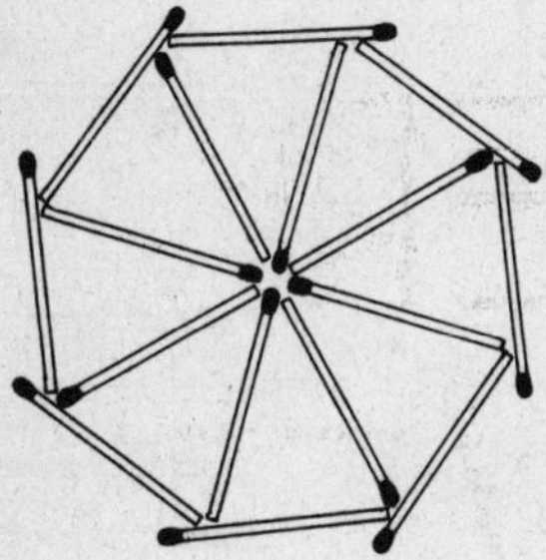

151

152

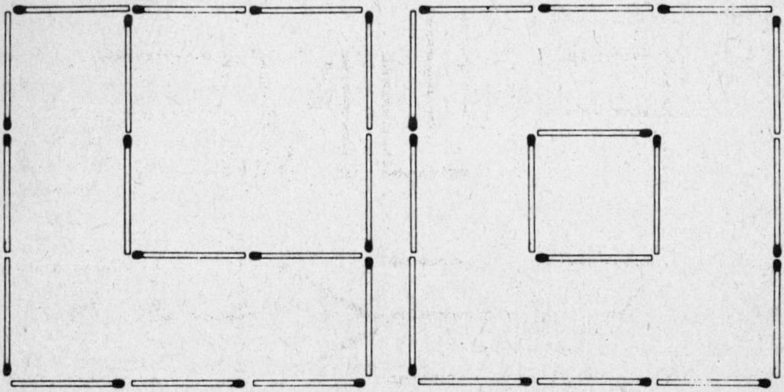

153 Ausgangsposition:

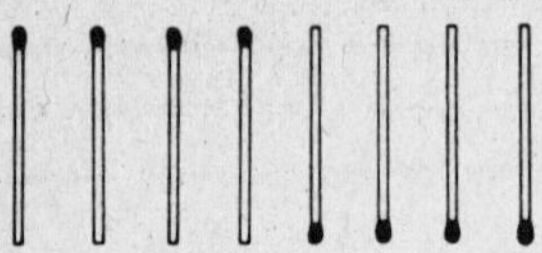

1. Zug:

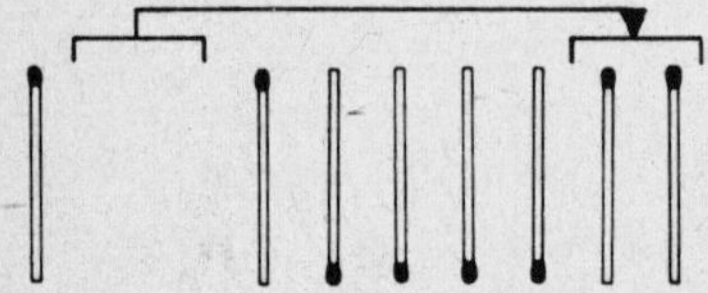

2. Zug:

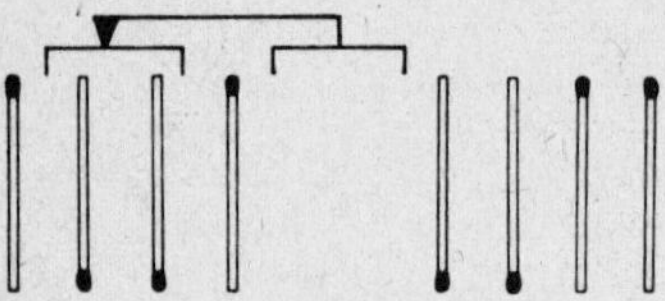

3. Zug:

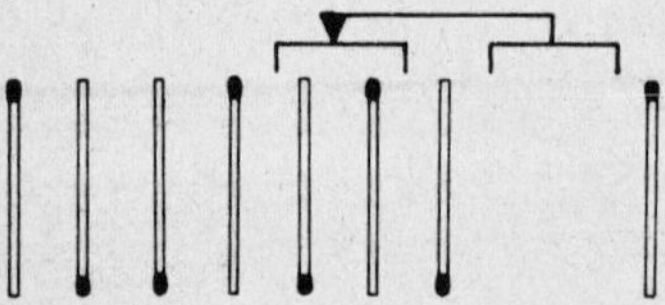

4. Zug:

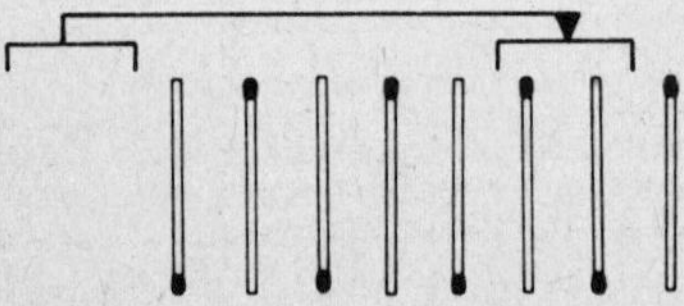

154

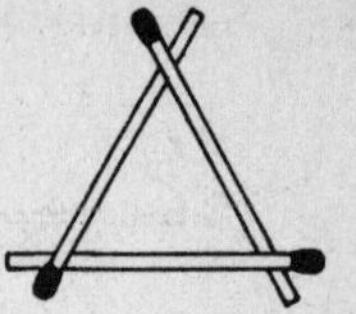

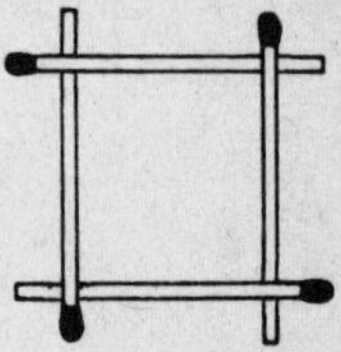

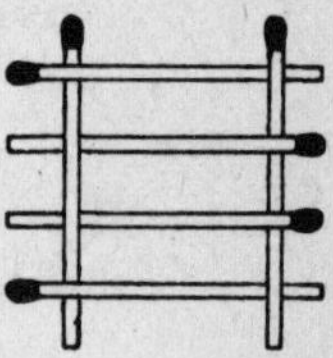

155

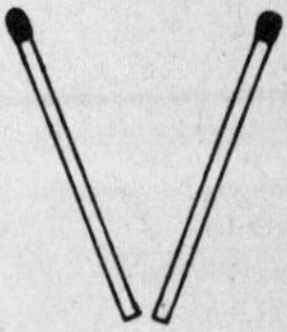

156

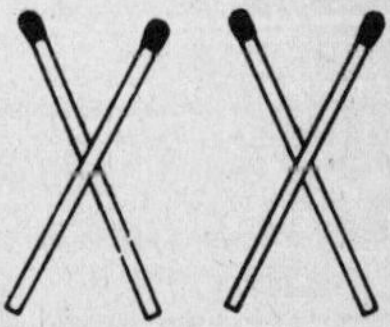

(Vierer — 1 × 1)

157 Aus schwarzem Karton wird ein Zauberstab hergestellt. Die Enden werden mit weißem Papier verziert. In das eine Ende des Rohres kommt etwas Schmierseife, in das andere ein Stück von einem Würfelzucker. Das Fett der Seife breitet sich auf dem Wasser aus und läßt die Hölzchen zum Rand der Schüssel schwimmen. Der Zucker zieht das Wasser und die Streichhölzer wieder zur Mitte zurück.

158

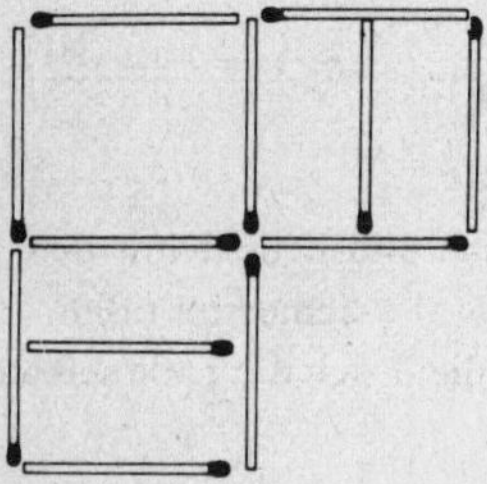

159

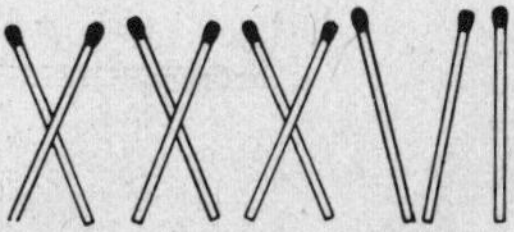

Dreiviertel Dutzend =
9 (Hölzchen), umgelegt =
3 Dutzend (die Zahl 36)

160

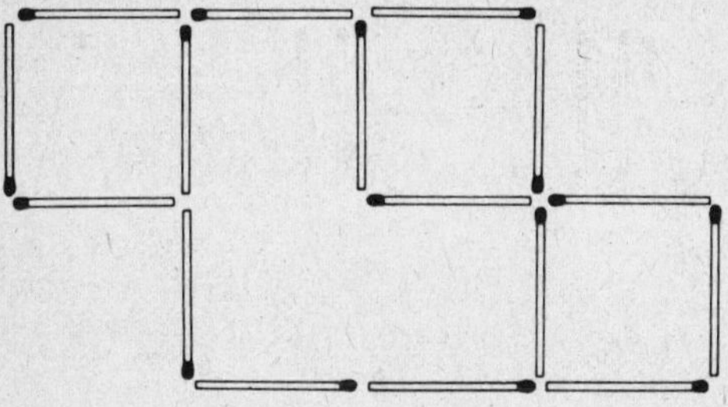

161

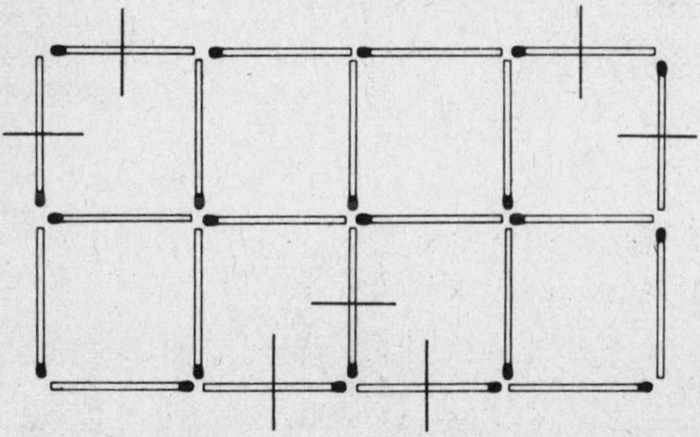

162 Ein Gummiband wird in der Mitte des Hülsenbodens befestigt und vorn und hinten am Bodenteil der Lade festgemacht.

Schiebt man die Lade heraus und drückt mit den Fingern gegen die Hülse, dann bleibt die Schachtel offen. Läßt der Fingerdruck nach, dann schließt sich die Lade selbsttätig zu.

163

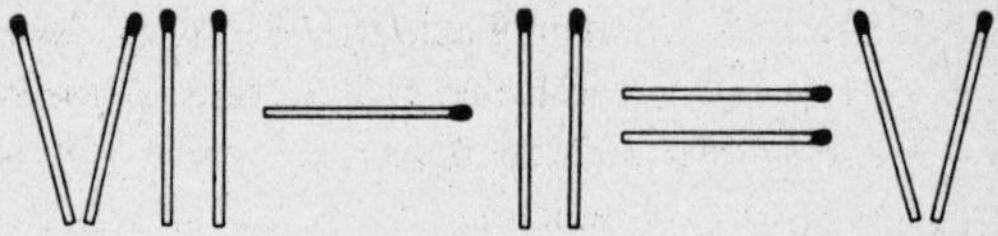

164

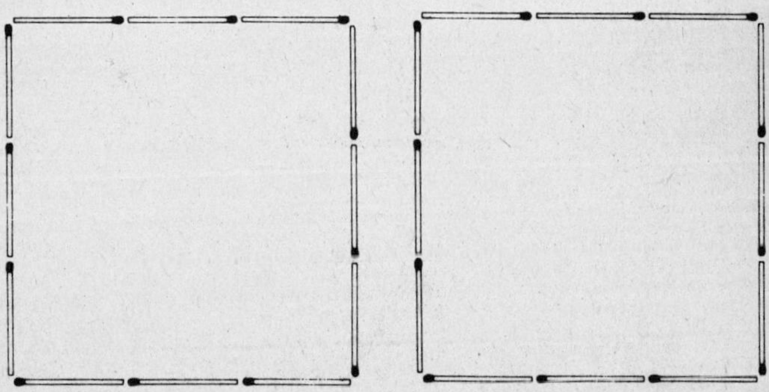

165

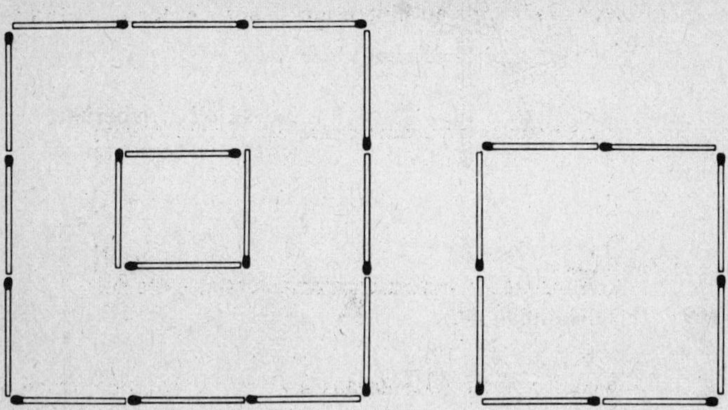

166 Das Geheimnis des alten Zauberers beruht darauf, daß als Ergebnis immer 18 herauskommt, wenn man von den Zahlen 20 bis 29 ihre Quersumme abzieht. Die volle Truhe (Streichholzschachtel) muß also zu Beginn des Kunststückes mit 36 Goldstücken (Hölzchen) gefüllt sein, beziehungsweise mit 37, wenn man sich zu Beginn des Vortrages noch eine Zigarette anzünden möchte.

167 Das lustige Schwein

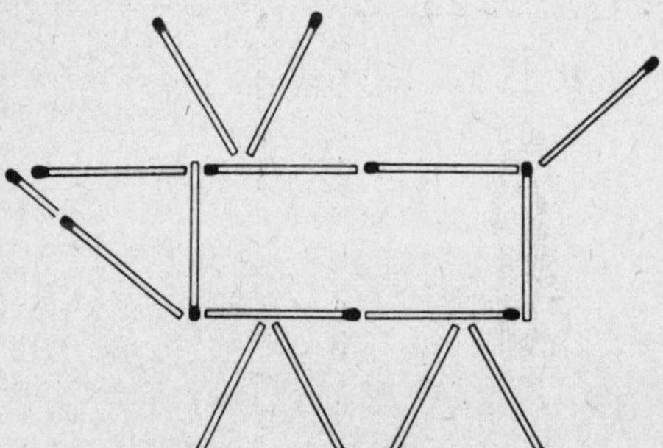

168

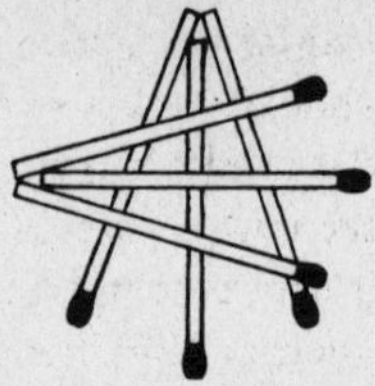

Jedes Hölzchen berührt jeweils die 5 anderen.

169 Flächeninhalt =

$$\frac{a \times b}{2} = \frac{3 \times 4}{2} = \frac{12}{2} = 6$$

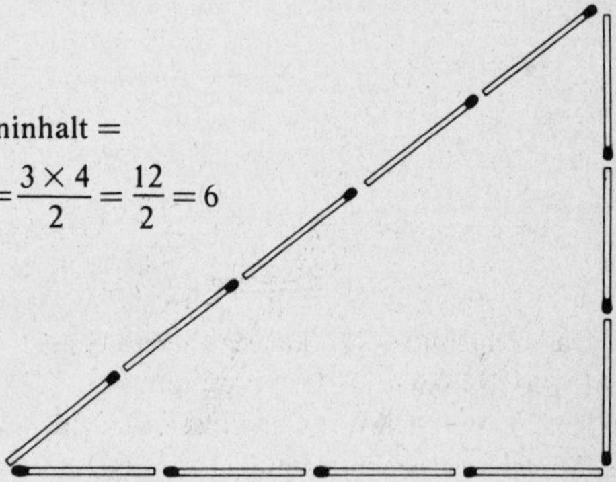

170 Ibrahim stellt sein Kamel zur Verfügung, damit sind es 40. Der erste Sohn bekommt 20 (die Hälfte), der zweite 10 (ein Viertel), der dritte 5 (ein Achtel) und der vierte 4 (ein Zehntel). Ein Kamel bleibt übrig; damit reitet der Weise wieder von dannen.

171

Die Jungfrau von Orleans

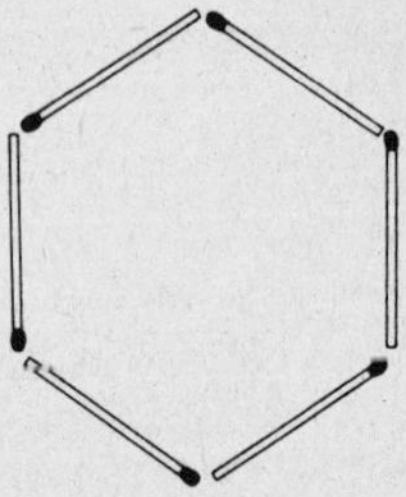

Die lustige Witwe

172 Das vierte Hölzchen greift unter die Pyramide und richtet die beiden verkeilten Streichhölzer etwas auf, bis das dritte Pyramidenhölzchen auf das vierte fällt. Die verkeilten Streichhölzer werden wieder etwas gesenkt, bis das Ende des dritten Hölzchens unter der verkeilten Stelle durchragt. Nun kann man mit dem vierten Hölzchen die übrigen 3 hochheben.

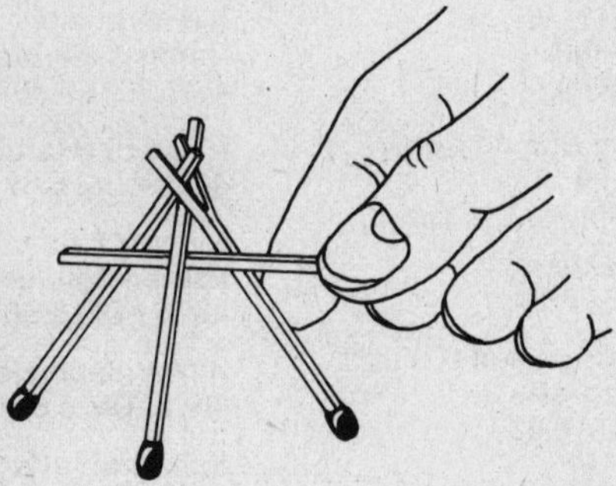